Série « Économie » dirigée par Catherine Pivot,
professeur à l'université Jean-Moulin (Lyon 3)

ÉCONOMIE DES ORGANISATIONS

Régis Cœurderoy
Professeur
Université catholique de Louvain
Département de politique générale
et d'économie d'entreprise

Vuibert

Collection Dyna'Sup économie

Pour acquérir les connaissances et les méthodes

Les ouvrages de la collection « Dyna'Sup économie » sont destinés aux **étudiants** suivant des enseignements en économie au sein de divers cursus (sciences économiques, économie-gestion, administration économique et sociale, écoles de commerce, etc.) qui souhaitent maîtriser les connaissances de base d'un domaine de l'analyse économique en articulant théorie et travaux appliqués.

Dans ce but, chaque ouvrage regroupe :

– les **connaissances de base** nécessaires à la compréhension d'un domaine de l'économie contemporaine ou de l'environnement économique de l'entreprise ;

– des méthodes d'acquisition des connaissances grâce à :

- des QCM pour permettre une première révision des connaissances et faciliter l'entraînement aux examens et aux concours ;
- parfois des **exercices** mathématiques favorisant l'assimilation des connaissances théoriques et l'acquisition des méthodes formalisées ;
- si nécessaire un entraînement à la **dissertation** à partir d'un choix de sujets et leurs corrigés.

- *Macroéconomie*, Philippe Barthélémy
- *Monnaie et financement*, Bernard Courbis et Jean-Pierre Allegret
- *Fondements de la pensée économique*, Claude Schwob
- *Microéconomie*, Jean-Yves Lesueur
- *Histoire économique du capitalisme industriel*, Hélène Rey-Valette et Agnès d'Artigues
- *Monnaies, finances et mondialisation*, Jean-Pierre Allegret et Bernard Courbis
- *Politique économique*, Christian Aubin et Jacques Léonard
- *Économie internationale*, Anne Hanaut et El Mouhoub Mouhoud
- *La nouvelle comptabilité nationale*, Marie-Claire Diard et Claire Grelet
- *Théorie des jeux*, Gisèle Umbauheur
- *Construction européenne et politique économique*, Jérôme Creel et Étienne Farvaque
- *Les firmes multinationales*, Fabrice Mazerolle
- *L'analyse économique en questions*, Christian Descamps
- *Mathématiques pour économistes débutants*, Patricia Martin-Wolczyk
- *Démographie économique*, Fabrice Mazerolle
- *Mathématiques financières*, Thierry Rolando et Jean-Claude Fink
- *Économétrie*, Stephen Bazen et Mareva Sabatier

ISBN 13 : 978-2-7117-7419-7

Sommaire

Remerciements

Je tiens particulièrement à remercier pour leurs commentaires Éric Brousseau, Michel Ghertman, Emmanuelle Maincent, Bertrand Quélin et Emmanuel Raynaud, ainsi que Catherine Pivot pour son suivi attentif et sa remarquable patience. L'auteur reste bien sûr le seul responsable de toutes les erreurs et imperfections du texte.

Première partie

L'essentiel du cours

Introduction

L'organisation et l'analyse économique

« Il est certes important de se demander pourquoi la coordination est assurée par le mécanisme des prix dans certains cas et par des entrepreneurs dans d'autres. » (R. Coase, 1937 [1])

« L'entreprise moderne se substitue aux mécanismes du marché en ce qui concerne la coordination des activités économiques et l'allocation des ressources. Dans de nombreux secteurs d'activité, la main visible des gestionnaires a remplacé ce qu'Adam Smith appelait "la main invisible" des forces du marché. » (A. Chandler, 1977 [2])

« Supposons que [un visiteur venu de Mars], en provenance de l'espace, s'approche de la Terre, muni d'un télescope qui révèle les structures sociales. Les firmes apparaissent, disons, comme des aires homogènes vertes, avec de légers contours intérieurs dessinant les départements et les divisions. Les transactions marchandes se présentent comme des traits rouges reliant les firmes et formant un réseau entre elles. Au sein de chaque firme (et peut-être même entre elles), le visiteur qui vient voit également de pâles lignes bleues, les lignes d'autorité qui relient les dirigeants aux différents échelons de travailleurs. [...] Peu importe que notre visiteur s'approche des États-Unis, de l'Union soviétique, de la Chine ou de l'Union européenne, la majorité de l'espace sous lui serait dans les aires vertes, car presque tous les habitants seraient des employés, donc à l'intérieur des frontières de la firme. [Le Martien dirait qu'il observe] "de vastes aires vertes reliées par des

---

1. Coase R. (1937), The Nature of the Firm, Economica, 4, p. 386-405.

2. Chandler A. (1977), *The Visible Hand of Managers. The Managerial Revolution in American Business*, Cambridge, Massachusetts.

traits rouges". Il serait peu probable qu'il parle d'un "réseau de lignes rouges reliant des points verts". » (H. Simon, 1991[3])

En sciences économiques, il existe comme un paradoxe en ce qui concerne les concepts de marché et d'organisation. D'un point de vue **théorique**, le concept de marché est, depuis longtemps, clairement établi et analysé à travers la loi de l'offre et de la demande. Il existe même une théorie générale de l'équilibre des marchés, formalisée en particulier à travers le modèle Arrow-Debreu. En revanche, d'un point de vue **empirique**, il apparaît beaucoup plus délicat de définir concrètement ce qu'est un marché : Qui sont précisément les acteurs en présence – tant offreurs que demandeurs – ? quelle est la nature exacte de leurs interactions ? sur quel bien ou service l'échange se réalise-t-il précisément ? Voilà quelques questions, parmi d'autres possibles, qui, cas par cas, trouvent rarement une réponse simple et rapide dans les faits. Cette difficulté apparaît nettement dans les débats qui concernent les procès antitrust. Selon le « marché pertinent » qui sera retenu, les autorités constateront ou non l'existence d'une position dominante.

À l'inverse, lorsqu'il s'agit d'organisations, « l'évidence » empirique se manifeste aussitôt. Par la lecture de la presse comme par l'expérience quotidienne, chacun a en tête des noms de compagnies, privées, publiques ou à but non lucratif, peut identifier leurs localisations, qui les dirigent, combien d'employés y travaillent, etc. Nul n'a véritablement de doute sur cette réalité concrète. Mais ces certitudes disparaissent bien vite sous l'angle théorique, cette fois. Le concept d'organisation reste encore souvent imprécis, objet de multiples définitions, d'avis très divers et, finalement, de simplifications peu satisfaisantes. Il est même raisonnablement possible de dire que les organisations ont été longtemps les grandes oubliées de la science économique, qu'elles étaient « hors sujet ».

Les constatations empiriques sont tenaces, toutefois et, de façon régulière, certains auteurs posent et reposent cette question : qu'est-ce qu'une firme ? Quelle est sa nature spécifique ? Comment s'insère-t-elle dans la rationalité économique ? Pour reprendre les citations d'ouverture, un certain nombre de voix, et non des moindres, répètent qu'il est nécessaire de voir au-delà du « tableau noir » et d'introduire dans les schémas explicatifs toutes ces relations intra-organisationnelles qui ne peuvent crédiblement rester sous silence. Tel est l'objet principal de l'économie des organisations, qui a connu un développement marqué ces trois dernières décennies et permis de notables progrès dans la compréhension du fonctionnement des mécanismes économiques autres que le marché.

3. Simon H. (1991), Organizations and Markets, *Journal of Economic Perspectives*, 5, p. 25-44.

1. De quoi parle l'économie des organisations ?

Aujourd'hui, tous les économistes s'accordent pour reconnaître que les choix d'organisation ont un impact substantiel sur les résultats d'une économie, que ce soit à un niveau micro-économique ou macro-économique. À ce premier constat, il faut en ajouter immédiatement un second : non seulement l'organisation importe, mais la diversité des formes organisationnelles est extrême d'un point de vue empirique, voire infini d'un point de vue théorique. Qu'est-ce que cela signifie ? Tout simplement, que dans leurs interactions, leurs échanges, les hommes (l'*homo oeconomicus*) ont développé de multiples modes relationnels pour que ces échanges puissent effectivement se réaliser et pour améliorer dans le temps leur productivité.

L'objectif de l'économie des organisations est ainsi de s'intéresser aux divers modes d'échanges entre les agents économiques et d'en comprendre la rationalité. De fait, ces aspects restent très largement absents du cadre micro-économique standard qui réduit la firme à la simple image d'une fonction de production. Dans ce modèle, les différents *inputs* s'articulent ensemble de façon spontanée. La « firme » (pour reprendre l'appellation la plus fréquente en micro-économie) est vue comme un processus technologique de transformation d'*inputs* en *outputs* et dont le système décisionnel est celui du décideur individuel et monolithique. Or il n'y a aucune raison pour que le raisonnement économique s'arrête aux portes de la firme ou de toute autre forme d'organisation que le marché. Bien au contraire, l'ensemble des transactions qui se réalisent à l'intérieur des organisations représente des formes équivalentes aux échanges marchands. C'est pourquoi, comme le dit Coase, il faut que les économistes quittent leur « tableau noir » de l'abstraction pour embrasser la réalité concrète de la diversité organisationnelle. C'est accepter de prendre, en quelque sorte, le point de vue du Martien selon l'expression de Simon.

Il y a plus de quatre-vingts ans, Marshall (1920)[4] définissait la firme sous l'expression *Business Organization* (organisation d'affaires). Bien plus tard, Alchian et Demsetz (1972)[5] ont proposé une définition plus précise de l'organisation économique entendue comme un « assemblage de moyens destinés à déterminer et mesurer la productivité et la rémunération ». Ces auteurs introduisent dans cet article une perspective importante sur l'organisation : l'approche contractuelle. Selon eux, une organisation peut être considérée comme un réseau de contrats qui lie un ensemble d'individus. L'entreprise se comprend alors comme une abstraction, un artefact juridique qui noue des contrats bilatéraux relativement simples entre de multiples agents (fournisseurs, salariés, actionnaires, clients, etc.). Sans elle, chaque agent économique serait dans l'obligation de discuter, de négocier et de contracter avec tous les autres agents impliqués.

Même si, comparativement, les économistes se sont beaucoup plus intéressés

---

4. Marshall A. (1920), *Principles of Economics*, MacMillan.

5. Alchian A. et Demsetz H. (1972), « Production, Information Costs, and Economic Organization », *American Economic Review*, American Economic Association, vol. 62(5), pages 777-795.

aux marchés qu'aux organisations, certains, parmi les plus grands, se sont consacrés à ces questions et leur influence est aujourd'hui unanimement reconnue. Citons simplement quelques noms extraits de la liste des prix Nobel :

- **Kenneth Arrow** a été récompensé en 1972 pour ses travaux sur l'équilibre général mais s'est également illustré au cours de sa carrière par ses recherches sur l'économie de l'information. Il a mis notamment en avant le rôle des mécanismes de coordination non marchands.
- **Herbert Simon** a reçu en 1978 le prix Nobel d'économie pour ses recherches novatrices sur les processus de décision au sein des organisations. Il a développé le concept de rationalité limitée et fondé la « théorie comportementale » de l'entreprise.
- **Ronald Coase**, lauréat en 1991, a initié le concept de coût de transaction et contribué à comprendre l'importance des droits de propriété en économie.
- **Douglass North** fut honoré en 1993 pour avoir renouvelé la recherche en histoire économique en expliquant le rôle des changements économiques et institutionnels.
- **George Akerlof, Michael Spence et Joseph Stiglitz** ont reçu conjointement le prix Nobel en 2001 en reconnaissance de leurs travaux sur les asymétries d'information, travaux qui ont permis d'importantes avancées dans les nouvelles théories de la firme.

2. Les deux grandes approches de l'organisation économique

S'il est aisé de dire que l'économie des organisations porte sur l'étude des organisations, la difficulté apparaît donc lorsque l'on s'interroge sur ce terme d'organisation. À ce stade préliminaire, nous pouvons signaler qu'il existe au moins deux approches de l'organisation.

A. L'approche macro-économique : une organisation du système économique

Selon une définition « large », l'organisation s'entend comme *« l'architecture du système économique »*[6], c'est-à-dire l'ensemble des relations entre les agents économiques qui crée un système interdépendant. Cette vision, d'ordre macro-économique, porte fondamentalement sur la comparaison des systèmes économiques dans leur ensemble et les choix de politique économique. Dans cette tradition, beaucoup de travaux ont ainsi été consacrés dans les décennies passées à l'évaluation comparative entre le système économique de marché, d'essence décentralisée, et le système planifié et centralisé. Aujourd'hui, la Banque

6. Milgrom P. et Roberts J. (1997), *Économie, organisation et management*, Paris-Bruxelles, DeBoeck Université, p. 29.

mondiale mène d'importants travaux dans le but de favoriser le développement d'institutions politiques et socio-économiques propices à la croissance économique[7].

Une optique aussi large n'entre pas à proprement parler dans le cadre de cet ouvrage, mais il faut néanmoins la conserver en mémoire dans la mesure où l'organisation – système micro-économique – évolue dans un système économique plus large qui en influence la structure et le comportement (voir chapitre 6). Retenons également pour la suite ce terme d'architecture (*design* en américain) : il traduit clairement le fait que l'économie des organisations se positionne dans la recherche de formes organisationnelles types.

B. L'approche micro-économique : un mode de coordination coopératif

Dans une définition « stricte », l'organisation s'entend comme une « unité économique de coordination ayant des frontières identifiables et fonctionnant de façon relativement continue, en vue d'atteindre un objectif ou un ensemble d'objectifs partagé(s) par les membres participants » (Ménard, 1993, p. 13). Dans cette définition, trois éléments méritent tout particulièrement d'être soulignés dès maintenant : pour qu'il y ait organisation, il faut deux agents économiques ou plus (1) ; identifiant des intérêts communs (définition d'objectifs) (2) ; et prêts à les réaliser en coopérant (et non en échangeant directement) (3). Ici, il faut ainsi comprendre l'organisation comme une forme coopérative de coordination, laquelle représente une alternative par rapport au marché – qui réalise un échange sur la base d'un accord prix/quantité. Précisons déjà, également, que ce mode de coordination fonctionne selon le principe d'une hiérarchie – c'est-à-dire un principe qui repose sur une distribution du pouvoir et de l'autorité entre les agents concernés.

3. Les thèmes développés dans l'ouvrage

Il n'existe pas aujourd'hui réellement une théorie unifiée de l'organisation et de nombreux courants proposent des modèles qui reposent sur des fondements intellectuels distincts. Pour cette raison, les ouvrages consacrés à l'économie des organisations présentent très souvent ces différentes théories les unes après les autres[8]. Cette perspective permet de bien saisir les spécificités et apports de chaque courant.

---

7. Voir, par exemple, World Bank (2005) *World Development Report 2005 : A Better Investment Climate For Everyone*, World Bank and Oxford University Press.

8. Voir, par exemple, Gabrié H. et Jacquier J.-L. (1994), *La Théorie moderne de l'entreprise*, Economica ; Coriat B. et Weinstein O. (1995), *Les Nouvelles Théories de l'entreprise*, Le Livre de Poche ; Douma S. et Schreuder H. (2002), *Economic Approaches to Organizations*, 3e édition, Bouga-Olga O. (2003), *L'Économie de l'entreprise*, Points Seuil.

Dans le présent ouvrage, il a été plutôt préféré une **présentation thématique de l'économie des organisations**[9]. Celle-ci choisit de laisser en second plan les débats théoriques sur les différents modèles et préfère sensibiliser le lecteur sur les questions clefs traitées par ce courant. Cette approche nous paraît plus adaptée à un ouvrage d'introduction, dont l'objectif premier est d'éclairer « ce dont on parle », avant de développer « comment on en parle ».

– Le **premier chapitre** est consacré au statut de l'information dans la décision des agents économiques. Les choix d'organisation dépendent intrinsèquement de la quantité comme de la qualité des signaux émis dans le système. Les agents économiques vont en effet définir des cadres organisationnels en fonction du stock d'informations dont ils disposent pour leurs décisions, de leur capacité à le traiter comme de leurs intérêts à le mobiliser. Ce premier chapitre établit donc le lien entre caractéristiques des informations et besoins d'organisation.

– Le **deuxième chapitre** poursuit cette réflexion et pose la question liée de la ligne de partage entre formes d'organisation marchandes et non marchandes. Celle-ci se construit fondamentalement à partir des caractéristiques des attributs des transactions concernées. En particulier, le degré de spécificité des actifs dédiés à la transaction joue un rôle clef dans la définition des frontières de la firme.

– Le **troisième chapitre** élargit cette problématique pour traiter des grandes organisations, c'est-à-dire des formes complexes hiérarchiques. Il détaille ainsi le problème de l'intégration verticale et de la diversification. Les coûts bureaucratiques, comme limite à l'extension de la forme intégrée, sont également présentés.

– Le **quatrième chapitre** étudie la structuration interne des organisations. L'organisation intégrée fonctionne comme un système de coordination qui se fonde sur l'autorité pour définir les circuits d'information et les connexions entre transactions. Les principales structures existantes sont présentées de manière comparative.

– Le **cinquième chapitre** présente les mécanismes mis en place pour favoriser les incitants au travail des agents employés. Les deux sujets clefs ici touchent la formation du capital humain, d'une part, la maximisation de l'effort au travail d'autre part.

– Le **sixième chapitre** repositionne l'approche des organisations dans un contexte socio-institutionnel plus large. La diversité empirique des modes d'organisation et de leur fonctionnement, en effet, conduit à s'interroger sur la pertinence d'un modèle unique d'efficience organisationnelle. Un certain nombre d'auteurs jugent plus pertinent d'étudier les formes de complémentarités institutionnelles entre système macro-économique et arrangements micro- économiques. Cette analyse fait en ce sens le pont entre les deux niveaux de réflexion précédemment cités sur l'organisation économique.

---

9. Voir, par exemple, sur le même principe, Ménard C. (2004), *L'Économie des organisations*, La Découverte, 2e édition ; Quélin B. (2002), *Les Frontières de la firme*, Economica ; Hendrikse G. (2003), *Economics and Management of Organizations*, McGraw Hill.

4. À qui s'adresse cet ouvrage ?

Cet ouvrage s'adresse prioritairement aux étudiants d'économie et de gestion ayant déjà acquis les connaissances de base en micro-économie. Il s'agira le plus souvent d'étudiants en troisième année de licence (ou baccalauréat hors système français) ou en première année de master. La construction thématique du texte permettra :

– aux étudiants d'économie d'aborder un certain nombre de questions clefs de gestion ;

– aux étudiants de gestion d'intégrer les fondements économiques de leur discipline ;

– et, plus généralement, à tout lecteur désireux de s'initier aux logiques économiques qui sous-tendent la structuration et le fonctionnement des organisations.

Chapitre 1

La dynamique des transactions dans l'organisation économique

De quelles informations chaque agent dispose-t-il, quelle est sa capacité à les traiter et quelle est la finalité de son action dans son usage des informations ? La réponse à ces questions définit les modalités de décisions et d'interactions avec les autres individus. En ce sens, l'objet des décisions ne peut jamais être totalement découplé du processus et du cadre dans lequel il se définit. Aborder l'économie des organisations implique ainsi de commencer par l'analyse de la nature de l'information et des difficultés auxquelles les agents doivent faire face pour la gérer.

I. L'information, base des transactions

Dans l'approche dite classique de l'organisation, celle-ci, sous le titre de « firme », est vue comme une fonction de production monolithique. L'information n'est pas ici une question pertinente dans la mesure où nous avons un acteur unique sans problème de communication. À partir du moment, cependant, où l'on considère que l'organisation implique une variété plus ou moins complexe d'individus, il importe alors d'analyser les problèmes informationnels et de coordination qu'ils peuvent rencontrer. Ceux-ci sont essentiellement de deux types principaux : les imperfections inhérentes à la nature même de l'information et les caractéristiques comportementales des individus, ceux-là même qui émettent et reçoivent les messages.

A. Le rôle des imperfections de l'information

Dans un système où l'information est complète et parfaitement distribuée entre les agents économiques, l'approche de l'organisation firme peut se limiter à une vision purement technologique. Quand cette hypothèse est soulevée, les questions d'ajustement et de coordination entre les agents doivent être traitées à part entière.

• Les limites de la conception néoclassique de l'information parfaite

Dans l'approche micro-économique néoclassique, la théorie de la firme se concentre autour de la question centrale de la production de biens et de services. La firme dispose à l'entrée d'*inputs* – ou facteurs de production – tels que le travail (main-d'œuvre, qualifications, effort managérial), les matières premières et le capital. À la sortie, elle délivre des *outputs* sous forme de biens ou de services. Le processus qui mène de ces facteurs de production aux produits et services est résumé par une fonction de production.

La technologie sous-jacente à la fonction de production

La fonction de production doit se comprendre comme une description technologique de la production. Elle permet de définir la quantité maximale qui peut être produite en fonction des facteurs mobilisés. La forme de la fonction de production est dépendante de l'état présent des technologies, c'est-à-dire de la situation de l'ensemble des connaissances sur les moyens de transformer des facteurs de production en produits et services. Un changement de cet état des connaissances implique la définition d'une nouvelle fonction de production.

• La fonction de production est généralement représentée de la façon suivante[1] :

$$Q = f(K, L)$$

où Q représente la quantité produite, K le capital et L le travail.

• Considérant un état donné du marché, si l'on se limite à un seul bien, l'objectif poursuivi est la maximisation du profit, soit, selon la formule bien connue :

$$\text{Max } \pi = pq - cq$$

où π représente le profit, q la quantité, p le prix et c le coût de production.

• L'utilisation du calcul marginal permet alors de déterminer la solution d'équilibre entre les conditions de l'offre et de la demande, qui sera trouvée grâce au mécanisme de prix.

Les hypothèses sous-jacentes à cette approche

Pour être valide, ce modèle de maximisation doit respecter d'importants présupposés théoriques. En particulier, pour que l'ajustement à la marge se réalise, un certain nombre d'hypothèses simplificatrices sont supposées :

---

1. Il s'agit du modèle le plus simple et le plus classique de fonction de production de Cobb Douglas. Voir J.-Y. Lesueur (2004), *Microéconomie*, Vuibert, Dynasup Eco, 2e édition.

1) Il doit s'agir en premier lieu d'une parfaite unité de décision. La firme est assimilée à un agent individuel qui agit dans son intérêt propre. Les décideurs économiques au sein de la firme sont appréhendés comme des entités non séparables.

2) Il doit exister une parfaite information sur l'état des marchés et des technologies. On suppose dans cette hypothèse que les agents économiques disposent d'une information complète et uniformément partagée. Dans ces conditions, un agent économique ne peut pas prendre une décision inefficace sans que les autres agents n'en tiennent compte et, à terme, ne la corrigent.

3) Les agents possèdent une capacité à intégrer toute l'information disponible et à la traiter instantanément à coût nul. Les agents économiques extraient sans limites toute l'information économique pertinente pour décider, sans que le volume ou la complexité de celle-ci ne vienne à représenter un frein ou un obstacle.

Dans cette perspective d'information parfaite, l'ensemble des facteurs de production s'ajuste spontanément et de la manière la plus efficiente possible. La firme comme fonction de production est ainsi un acteur au comportement automatique et déterminé. Elle est vue comme un « point sans épaisseur ». On parle ainsi de la conception de la firme comme « boîte noire », c'est-à-dire un pur processus de transformation des *inputs* en *outputs* dont les modalités de réalisation sont prédéterminées. On pourrait d'ailleurs tout aussi bien utiliser l'image de la maison de verre où tout à l'intérieur est parfaitement visible de l'extérieur.

Cette théorie micro-économique standard a permis et permet encore de notables développements pour comprendre le fonctionnement des marchés[2]. De nombreuses critiques, néanmoins, ont souligné ses limites pour expliquer le fonctionnement du système économique du fait de sa cécité vis-à-vis des autres formes de réalisation des échanges. Certes, selon l'expression de l'économiste autrichien Friedrich Hayek, prix Nobel d'économie (1974), le marché est une « merveille » par sa capacité à coordonner un si grand nombre d'agents économiques. Mais il ne peut pas tout faire et il arrive fréquemment que le marché soit remplacé par des formes alternatives d'organisation des échanges. L'économiste a donc besoin d'une approche justifiant pourquoi il observe parfois des marchés, pourquoi il observe d'autres fois des organisations pour réaliser les transactions économiques.

Pour tenter d'apporter des réponses à de telles questions, il est apparu nécessaire de lever l'hypothèse d'information parfaite. Lever cette hypothèse, c'est alors reconnaître essentiellement deux failles possibles dans un système de pur marché :

1) d'une part, les agents économiques peuvent ne pas disposer de l'ensemble de l'information nécessaire et suffisante pour décider, ni de la capacité de la traiter parfaitement ;

---

2. *Cf.* J.-Y. Lesueur (2004), *Microéconomie*, Vuibert, Dynasup Eco, 2e édition.

2) d'autre part, les agents économiques peuvent manipuler à leur avantage les différentiels d'information qui existent entre eux.

Cette information imparfaite a été analysée sous trois angles : l'existence d'asymétries d'information entre les agents économiques, d'une part ; la capacité limitée des agents à traiter l'information, d'autre part ; et une capacité réelle des agents à user stratégiquement de l'information, enfin.

• Les asymétries d'information et le besoin d'organisation

Il y a asymétrie d'information quand il n'y a pas une répartition parfaitement homogène des informations entre les agents économiques, c'est-à-dire lorsque certains agents économiques disposent d'informations privées. Cette hétérogénéité est due notamment à une divulgation partielle de l'information.

La sélection adverse et le hasard moral

→ Le premier cas d'asymétrie d'information – dite « **sélection adverse** » – correspond à l'existence d'informations cachées lors de la négociation entre les agents économiques. La partie qui détient une information que l'autre ignore peut être tentée non seulement de ne pas la révéler, mais d'en tirer profit pour se créer un avantage vis-à-vis de l'autre.

Par exemple, les personnes issues des populations les plus exposées au risque de décès (du fait d'une maladie grave ou d'un comportement à risque) pourraient être les plus intéressées pour souscrire un contrat d'assurance-vie. Elles auraient ainsi intérêt à le faire sans révéler à la compagnie d'assurance ces facteurs de risque. Pour éviter cette éventualité de non-révélation d'une information majeure, l'assureur exigera donc, avant de signer un contrat, de remplir des formulaires sur les antécédents médicaux notamment – de fausses déclarations entraînant l'annulation des engagements contractuels. Autre exemple : lors d'une négociation dans une phase de recrutement, l'employeur aura généralement tout intérêt à ne pas révéler toute l'information sur la distribution des revenus (en particulier sur la partie droite de la distribution !). Il réduit ainsi les possibilités pour l'employé d'appuyer ses exigences sur ces références salariales.

→ Le second cas d'asymétrie d'information – dit « **aléa (ou risque) moral** » – correspond au risque de changement de comportement des agents après être entrés dans la transaction. Ce problème est dû aux difficultés d'observabilité du comportement réel des agents.

Par exemple, toujours dans l'assurance-vie, l'individu, après signature, peut adopter une vie particulièrement dangereuse pour sa santé. Ce changement de comportement modifie alors les probabilités de survie qui avaient pu être affectées à cet individu, dans le sens de l'aggravation. Pour se prémunir contre cet aléa moral, les compagnies d'assurance peuvent prévoir des clauses de non-validité du contrat si les causes de décès peuvent être associées à de tels comportements à risque.

Encadré 1
Le *business* des informations cachées

Les problèmes de coûts économiques engendrés par ces informations cachées incitent les entreprises à assumer des dépenses pour limiter les effets négatifs sur le long terme. Une dimension critique, en particulier, pour une entreprise est celle du recrutement de nouveaux employés. Comment s'assurer en quelques minutes que les déclarations des candidats sont exactes ? Tout vérifier soi-même pourrait vite devenir très consommateur de temps et donc d'argent, en admettant que cela soit possible alors que se multiplient les compétences recherchées et que les profils deviennent de plus en plus internationaux. Afin de limiter ces problèmes, de nombreuses entreprises recourent à des sociétés de services spécialisées dans ces questions. Ainsi, certaines sociétés :

– recherchent pour les entreprises des candidats potentiels déjà en poste ou en attente ;

– se chargent de vérifier la véracité des diplômes dont les candidats se prévalent ;

– proposent de faire passer des batteries de tests aux candidats pour vérifier leurs compétences professionnelles ou leur profil psychologique.

Ces sociétés reflètent en ce sens les coûts de recrutement que peuvent engendrer les problèmes de sélection adverse sur le marché du travail.

L'existence d'informations cachées peut avoir des effets corrosifs importants sur le fonctionnement général d'un système de marché. Cela peut même aller jusqu'à empêcher la possibilité de réaliser l'échange. L'exemple devenu classique est celui du « marché des rossignols » (*lemons* en anglais) développé par Georg Akerlof, prix Nobel d'économie en 2001.

Le marché des rossignols (« market for lemons »)

Dans de nombreux cas, le seul système des prix ne peut suffire à réaliser convenablement les transactions. Akerlof (1970)[3] a montré à travers le cas hypothétique d'un marché de voitures d'occasion comment ce marché pourrait dysfonctionner s'il ne disposait comme information que du prix.

→ Imaginez que vous possédiez une voiture que vous avez bien entretenue et que vous cherchiez à la vendre pour 10 000 €, tout en acceptant de baisser jusqu'à 9 000 €. Sur le marché, la moitié des voitures d'occasion à vendre est dans la même situation, et susceptible de se négocier au même prix. Mais l'autre moitié est composée de véhicules de mauvaise qualité (les « rossignols ») dont la valeur est de 5 000 €.

→ Que va-t-il se passer sur le marché sachant que les acheteurs n'ont pas de compétences techniques et donc pas de connaissances sur l'état réel des voitures ? Autrement dit, ils ne savent pas s'ils ont affaire à une bonne voiture ou à une

3. Akerlof G. (1970), « The Market for "Lemons" : Quality Uncertainty and the Market Mechanism », *The Quarterly Journal of Economics*, 84(3), p. 488-500.

mauvaise, alors que le vendeur le sait mais ne le dit pas – du moins, pour ce qui est des détenteurs de « rossignols ».

→ *A priori*, chacun pourrait s'attendre à ce que le marché tende vers un prix d'équilibre de 7 500 € (la valeur moyenne). Mais, dans ce cas, un tel montant représente une forte plus-value pour les vendeurs de « rossignols » et une forte moins-value pour les vendeurs de bonnes voitures. Les premiers sont ainsi très fortement incités à vendre, les seconds tout autant découragés. En conséquence, les vendeurs de bonnes voitures tendent à sortir de ce marché où ils ne peuvent que perdre de l'argent. Ne restent que les vendeurs de mauvaises voitures. Le prix d'équilibre sur ce marché tendrait ainsi vers 5 000 €. Mais, par là même, les acheteurs deviennent convaincus d'acheter un « rossignol » et, peu motivés par une telle perspective, sortent aussi de ce marché. S'il n'y a plus d'acheteurs, il n'y a plus alors de marché. Le processus de sélection est biaisé par les vendeurs de mauvaises voitures et provoque ainsi, à terme, l'effondrement du système.

Ces problèmes d'informations cachées contraignent les agents économiques à instaurer des mécanismes qui permettent de révéler tout ou partie de ces informations. Ainsi, les vendeurs de bonnes voitures peuvent offrir une garantie sur le véhicule pour une année. Ils peuvent également faire expertiser leurs véhicules par des professionnels indépendants afin de rassurer les clients sur la qualité. Plus généralement, en situation d'informations cachées, les agents économiques peuvent avoir intérêt à mettre en place des mécanismes qui permettent l'émission de signaux sur le marché et facilitent par là même leur fonctionnement.

Encadré 2

Le « label rouge », un standard de qualité et une marque collective dans l'industrie du poulet en France

Assurer des standards de qualité dans une filière industrielle représente souvent une tâche ardue pour les producteurs, surtout quand il y a des problèmes sérieux d'asymétrie d'information. Le cas du « label rouge » est un bel exemple de tentative du contrôle de qualité dans l'industrie agro-alimentaire française :

« Le système label résulte de l'initiative, au début des années 1960, de producteurs agricoles dont l'objectif était de distinguer un poulet de qualité supérieure d'un poulet dit "standard", produit industriellement en "hors-sol", dont la réputation était à l'époque très mauvaise. Cette différenciation s'appuie sur l'élaboration d'un standard de qualité, en l'occurrence un référentiel technique officiel qui spécifie des indicateurs de performance concernant le produit[4]

4. Les principales spécifications techniques pour la production de poulets label rouge sont les suivantes : (1) les poulets proviennent de souches réputées pour leur rusticité et leur qualité de viande, (2) un espace d'élevage supérieur au poulet industriel, (3) une alimentation avec au moins 70 % de céréales, (4) une durée d'élevage minimum de 81 jours, (5) une durée de transport maximum de 2 heures entre le lieu d'élevage et le lieu d'abattage, (6) une durée maximum de 9 jours entre la date d'abattage et la date de vente. Ce sont là des contraintes minimales, rien n'interdit à différents labels rouges de se différencier en augmentant le niveau de performance requis. Ils le font effectivement, par exemple en faisant varier le pourcentage d'alimentation en céréales.

et codifie les modalités d'étiquetage des caractéristiques distinctives. En 2003, on dénombrait 26 groupements qualité différents dans le secteur avicole, impliquant 6 000 éleveurs, 288 entreprises (essentiellement couvoirs, firmes d'aliments, abattoirs) et 13 organismes certificateurs, pour une production totale de 113 millions d'animaux (*Source :* SYNALAF, Syndicat national des labels avicoles de France). Cette atomicité de l'offre est importante pour notre propos car, même si la concurrence est limitée au sein d'un label, les consommateurs disposent d'alternatives à l'intérieur de la gamme de ce type de produit. Les poulets labels représentaient 32 % des achats de poulets (toutes formes de présentations confondues) et 66 % des achats de poulets entiers. La grande distribution représente le principal canal de commercialisation des poulets sous label avec plus de 80 % des ventes.

Le logo label rouge est la propriété de l'État, mais la marque qui est associée au logo (par exemple le label "Poulet de Loué") est une marque collective. Elle est la propriété du groupement qualité utilisant ce logo, lequel est une structure associant l'ensemble des intervenants de la chaîne de production, principalement les éleveurs et les abattoirs. En contrepartie du droit d'utilisation du logo label rouge, un groupement qualité s'engage à respecter les règles associées et à mettre en œuvre les systèmes de contrôle.

L'utilisation du label rouge est soumise à l'homologation par une commission nationale. Les principales conditions d'homologation sont les suivantes : (1) élaboration d'un "cahier des charges" qui spécifie les caractéristiques techniques définissant une qualité supérieure du poulet dans le cadre du référentiel technique national, (2) définition d'un plan de contrôle des producteurs, depuis l'activité de production jusqu'à la commercialisation, (3) formulation d'un étiquetage informatif regroupant les informations spécifiques aux caractéristiques du poulet vendu sous le logo label, (4) édiction d'un système de sanctions en cas de non-respect du cahier des charges.

L'organisme certificateur accrédité par l'État contrôle de manière régulière l'ensemble des membres du label. Il contrôle *ex ante* la capacité des candidats à respecter le cahier des charges et, *ex post*, son respect par les membres du label. L'organisme certificateur peut refuser son agrément à un entrant potentiel en raison de l'inadaptation de ses compétences techniques. L'entrée dans une filière label peut demander aux candidats des investissements initiaux plus ou moins importants. L'organisme certificateur peut aussi enlever son agrément à un membre ne respectant pas le cahier des charges et procéder au retrait de la commercialisation du produit d'un abattoir commettant une faute grave à l'égard du règlement technique. Enfin, afin de garantir la qualité tout au long de la filière et de développer une traçabilité des produits, les membres d'un label particulier ne peuvent entretenir des échanges qu'avec d'autres membres du label accrédités par l'organisme certificateur. En raison même du dispositif institutionnel de garantie de la qualité, les filières labels imposent *de jure* une réduction de la concurrence potentielle et effective en imposant d'une part des barrières à l'entrée de nature technique et, d'autre part, en réduisant les alternatives au niveau du choix des partenaires commerciaux. » (p. 169-170)

Source : Emmanuel Raynaud et Egizio Valceschini (2005), « Collectif ou collusif ? À propos de l'application du droit des ententes aux certifications officielles de qualité », *Revue internationale de droit économique*, 2, p. 165-195.

B. Les comportements au cœur du système

• La rationalité limitée *versus* la rationalité absolue

Plutôt que de bâtir des modèles sur le postulat d'un agent économique « idéal », doué d'une intelligence et d'une capacité de calcul illimitées, on peut, comme l'a fait Herbert Simon[5], estimer plus fructueux de partir de l'observation empirique de cet agent économique humain. Or l'observation empirique conduit à un constat bien différent.

Qu'est-ce qu'une rationalité limitée ?

Un individu traite bien, généralement, l'information de manière rationnelle, mais il ne dispose pas souvent des capacités suffisantes pour en saisir toutes les implications. Sa mémoire est faillible et biaisée, en sorte qu'il ne garde qu'un souvenir partiel de ses décisions antérieures. Son action reste souvent limitée par un horizon de court terme et il n'a qu'une vision approximative de sa courbe d'utilité. Il exprime un nombre relativement limité de préférences et, lorsqu'il doit faire des choix, il n'arrive pas véritablement à comparer les alternatives en termes de profits espérés. Le point d'équilibre indiquant l'optimum est bien souvent hors de sa portée. Si l'on observe notre individu sous l'angle cognitif, on verra qu'il procédera dans son raisonnement étape par étape plutôt que par une évaluation globale. Il avance selon une série de choix séquentiels par lesquels les problèmes sont traités et résolus successivement, plutôt que simultanément. Il aura ainsi tendance à passer d'une question à une autre lorsqu'il sera satisfait de la solution trouvée, même s'il ne s'agit pas obligatoirement de la meilleure des solutions envisageables. Enfin, confronté à un problème, il tend d'abord à y répondre par les solutions qui ont été éprouvées auparavant. Ce n'est que si celles-ci ne paraissent pas satisfaisantes qu'il recherchera une solution nouvelle.

Exprimée en termes plus théoriques, l'analyse de la rationalité limitée fait ainsi ressortir d'importantes caractéristiques sur le comportement des agents. Celles-ci peuvent être résumées par les deux éléments clefs suivants :

1) *La prise de décision est un processus.* L'individu ne traite pas un problème comme un tout mais le décompose en différentes étapes afin de le solutionner. Cela implique le plus souvent de commencer par substituer à l'objectif général – généralement abstrait et complexe – des sous-objectifs intermédiaires qui seront « traitables », c'est-à-dire que l'individu pourra réellement observer et atteindre. À cet effet, il va agir selon un ensemble de règles ou de procédures de résolution de problèmes qu'il apprend soit par les autres, soit par ses essais et son expérience. Les phénomènes d'apprentissage forment donc l'ossature de ces processus décisionnels.

2) *La prise de décision répond essentiellement à un critère de « satisfaction ».* Un individu ne cherche pas à déterminer une solution optimale (au sens de la micro-

5. Simon H. (1955), « A Behavioral Model of Rational Choice », *The Quarterly Journal of Economics*, 69 (1), p. 99-118.

économie traditionnelle) ; mais celle qui, la première, va correspondre au niveau d'aspiration fixé au départ. Pour ce faire, l'individu explore quelques alternatives de manière séquentielle, en ancrant sa démarche sur son stock de connaissances existantes. Cet effort de recherche et d'exploration des solutions représente pour l'agent un effort souvent coûteux en temps et en énergie à mobiliser.

Au total, il existe pour Simon une étroite liaison entre la façon dont une décision est prise (le processus) et le résultat de la décision (la solution). Pour cette raison, la rationalité limitée est également appelée « procédurale ».

Encadré 3
Les différentes formes de rationalité dans l'analyse économique

Les théories économiques peuvent développer des hypothèses et aboutir à des résultats très variables selon la façon de concevoir la rationalité, et donc la prise de décision, des individus. On a ainsi coutume de distinguer trois formes de rationalité :

– la *forme forte (maximisation)* : les agents maximisent leur bien-être. La rationalité forte représente la capacité d'un agent à appréhender la situation globale et à optimiser ses décisions dans le calcul des coûts et recettes ;

– la *forme semi-forte (rationalité limitée)* : les agents sont capables de définir les objectifs mais avec une capacité de calcul limitée ;

– la *forme faible (rationalité organique, qui émerge de l'action)* : les agents ont une capacité limitée pour définir leurs objectifs, ils disposent également de moyens limités et n'influent donc guère individuellement sur les processus collectifs de décision[6].

Décision individuelle et environnement psychologique

L'approche par la rationalité limitée souligne l'importance du lien entre le processus psychologique de prise de décision des individus et le contexte dans lequel ils prennent leurs décisions (leur environnement). En ce sens, on comprend que les agents aient besoin de développer des mécanismes qui permettent d'organiser et de tenir dans le temps le processus. Par là même, l'existence de ces mécanismes va fournir des stimuli qui vont orienter les anticipations des agents. Les individus dans leur prise de décision sont ainsi influencés par leur environnement de plusieurs façons :

1) En premier lieu, par l'organisation du travail et la nature des tâches sur lesquels l'individu est essentiellement mobilisé. La vision d'un individu sur un problème dépend de sa spécialisation sur certaines tâches et des procédures standards, ou routines, qu'il a apprises dans ce cadre[7].

6. Williamson O.E. (1994), *Les Institutions de l'économie*, InterÉditions.

7. Le mot « routine » en science des organisations concerne l'ensemble des procédures et processus répétifs mis en place dans une organisation. Il ne faut nullement y voir ici le sens péjoratif qui est souvent attribué dans le langage courant.

2) En second lieu, par les modes de communication dont ils bénéficient. L'information étant incomplète, celle qui est utilisée pour la prise de décision est conditionnée par ses canaux de transmission.

• L'opportunisme des agents

Si la rationalité des agents détermine en grande partie la façon dont ils traitent l'information, la manière selon laquelle ils l'utilisent joue un rôle également. Cela pose la question des motivations des agents économiques et des finalités qu'ils poursuivent.

Les motivations des agents économiques

Les économistes considèrent, en général, que les individus sont guidés en premier lieu par leur intérêt personnel, formalisé à travers leur fonction d'utilité. Cette recherche d'intérêt personnel représente le second aspect du principe de maximisation. D'autres auteurs poussent cette hypothèse comportementale à son extrême en suggérant que non seulement les agents économiques sont égoïstes et agissent en conséquence, mais qu'en outre ils sont capables d'utiliser la ruse et le mensonge pour parvenir à leurs fins. Ils peuvent donc avoir des comportements stratégiques qui les conduiront à manipuler l'information – ce qui veut dire que l'information donnée ne peut être prise comme telle mais doit être évaluée au regard des intentions supposées de ceux qui la fournissent. On parle ici de l'*hypothèse d'opportunisme* des agents économiques[8]. Cette conception du comportement des individus en économie est directement inspirée de la tradition politique de la société telle que définie par Thomas Hobbes, philosophe anglais du dix-septième siècle[9]. Elle considère qu'en l'état de nature (c'est-à-dire dans une situation « pré-organisée » socialement), chaque individu est exposé à la violence des autres (et potentiellement source de violence). En ce sens, les relations interindividuelles restent nécessairement conflictuelles. Chez Hobbes, cette situation conflictuelle légitime l'émergence de l'État comme institution monopolisant la force et donc extirpant la violence des relations interindividuelles. Adaptée dans le champ de l'économie, cette conception dit bien que, sur un marché (l'état de nature), les individus seront naturellement dans des situations de marchandage (de conflit) où chacun cherchera à améliorer sa position, éventuellement au détriment des autres (situation de violence).

Certains auteurs refusent cette approche dans la mesure où elle met en avant une conception excessivement pessimiste de la nature humaine alors que d'autres aspects ne sont pas soulevés (désintéressement, charité, don de soi, etc.)[10]. Fondamentalement cette critique repose sur une vision opposée de l'individu dans laquelle le lien social est constituant de l'humanité même. Sans entrer dans

8. Williamson O.E. (1994), *Les Institutions de l'économie*, InterÉditions.

9. Hobbes T. (1651), *Léviathan*, Folio Essais (2000).

10. Ghoshal S., Moran P. (1995), « Bad for Practice : A Critique of the Transaction Cost Theory », *Academy of Management Review*, 21, p. 13-47.

ce débat philosophique, qui sort des objectifs de cet ouvrage, il importe de souligner que, pour les économistes qui utilisent l'hypothèse d'opportunisme, l'intérêt n'est pas tant de savoir si tous les individus sont ou non opportunistes, selon cette définition. La véritable question est de savoir ce qui se passe si au moins un individu a un comportement de type opportuniste. On voit alors qu'un système qui reposerait sur de simples promesses (c'est-à-dire sur les seules paroles des agents, sans assumer une capacité de mentir ou tricher) ne pourrait tenir par la présence de cet individu : lui seul suffirait à décrédibiliser le système dans son ensemble. Si l'on pousse l'exemple des rossignols à l'extrême, on voit ainsi qu'un seul vendeur de voiture à défaut caché suffirait pour introduire le vers dans le fruit et ruiner l'existence de ce marché.

Les conséquences sur l'organisation économique

L'existence de ce facteur d'opportunisme a d'importantes implications sur l'organisation du système économique. Elle implique tout d'abord une impossibilité pour les agents économiques de s'accorder sur leurs seules paroles. Nous retrouvons ici le problème du hasard moral tel que précédemment présenté qui, par essence, est un problème informationnel issu de cette hypothèse comportementale. Cet écart entre déclarations et actions contraint alors les agents économiques à mettre en place des mécanismes qui ont pour but de vérifier la conformité des actions aux déclarations. Cela peut se réaliser de trois façons :

– 1) *en prévenant la réalisation de certaines actions*. Par exemple, les garanties des fabricants sur les biens électroménagers (garanties d'un an pièces et main-d'œuvre) interdisent explicitement aux consommateurs d'ouvrir et de bricoler les produits sous peine d'invalidité de la garantie. Également, les fabricants d'ordinateurs utilisent des pas de vis qu'un utilisateur ordinaire ne peut ouvrir sans forcer. Dans ces différents cas, les fabricants se prémunissent du risque d'assumer des surcoûts liés à de mauvais usages et que le client se refuserait de révéler ;

– 2) *en mettant en place une structure qui permet de suivre et d'évaluer les actions des agents*. Ainsi, on trouve de nombreuses institutions dans une économie dont le rôle essentiel est d'assurer cette fonction de contrôle des agents. Les sociétés d'audit, par exemple, doivent vérifier la véracité des comptes établis par les entreprises. Les administrateurs de société ont parmi leurs missions celle importante d'assurer le contrôle des dirigeants ;

– 3) *en assurant la bonne adéquation entre les déclarations et les actions lorsqu'une discordance est observée*. Dans de nombreux cas, il ne suffit pas de constater un écart pour que les agents le corrigent. Il faut également mettre en place une structure coercitive qui contraint les agents à respecter leurs engagements. Les tribunaux et les forces de l'ordre possèdent ainsi un rôle actif dans le bon fonctionnement d'un système économique. Ils servent à déterminer les comportements opportunistes (condamnables) et à les faire corriger ou, tout du moins, à pénaliser les fautifs.

Encadré 4
Les différentes formes de comportement dans l'analyse économique

Comme pour la rationalité, les théories économiques peuvent développer des hypothèses et aboutir à des résultats très variables selon la façon de concevoir les comportements, et donc la prise de décision, des individus. On a ainsi coutume de distinguer trois formes de rationalité :

– la *forme faible (bonne volonté)* : les agents économiques sont désintéressés et n'ont pas de motivation personnelle dans leurs actions. Par exemple, on peut trouver fréquemment cette approche au sujet de l'action publique, dans laquelle on considère notamment que les fonctionnaires ont des comportements guidés par la seule recherche de l'intérêt général ;

– la *forme semi-forte* (l'intérêt personnel) : les agents économiques défendent avant tout leurs intérêts personnels – leur propre bien-être – mais respectent fidèlement leurs engagements et tiennent leurs promesses ;

– la *forme forte* (l'opportunisme) : les agents non seulement défendent leurs intérêts personnels, mais sont également capables de tricher ou de mentir, c'est-à-dire capables de ne pas respecter leurs promesses.[11]

II. Les modes de transaction dans le système économique

Si l'on s'accorde pour reconnaître que l'information a un impact sur l'organisation des agents économiques, alors la question suivante est de savoir selon quelles logiques ces influences vont s'exercer. Dans une approche d'économiste, c'est sur une approche comparative des coûts de coordination des différents modes possibles que la sélection se fera. Il importe donc d'identifier les différents types de coûts pertinents sur ce sujet.

A. Le coût du recours au marché

Comme expliqué précédemment, le cadre de référence de l'analyse économique étant le système de marché, c'est à partir de ce mécanisme de coordination que débute l'analyse des coûts. Elle induit ce que Arrow, prix Nobel d'économie (1972), appelle le « coût de fonctionnement du système économique ». Plus spécifiquement, on parle des coûts attachés à la réalisation de la transaction ou, plus simplement, des « coûts de transaction ».

• Les types de coûts de transaction

Il est habituel de distinguer deux grandes familles de coûts de transaction, qui sont complémentaires et bien souvent imbriquées dans les transactions concrètes : les « coûts de mesure » d'une part, et les « coûts de coordination » d'autre part.

11. Williamson O.E. (1994), *Les Institutions de l'économie*, InterÉditions.

Les coûts de mesure dans un marché

Les coûts de transaction liés aux problèmes de mesure concernent les difficultés qui peuvent émerger dans l'évaluation de la valeur d'un bien ou de la performance des agents[12]. Celles-ci contraignent les agents économiques à assumer des coûts spécifiques pour réaliser cette mesure. En outre, dans de nombreux cas, il serait trop coûteux de vouloir éliminer toute erreur de mesure par rapport aux bénéfices attendus. Ces coûts de mesure dérivent directement de ce que l'échange marchand ne fonctionne correctement que dans la mesure où les agents sont à même de définir correctement et aisément les droits de propriété et donc leur valorisation. Dans l'hypothèse contraire, ils doivent assumer des efforts plus ou moins conséquents pour y arriver.

Les coûts de mesure se décomposent également en trois grandes sous-catégories :

a) *les coûts liés aux difficultés issues des problèmes de qualité.* Il s'agit ici de la conséquence directe du problème de sélection adverse tel que précédemment présenté avec le cas des « rossignols » (*lemons* en américain). Dans la mesure où la qualité peut se comprendre comme un ensemble de caractéristiques attachées à un produit ou un service non spontanément observable par l'acheteur, alors sa reconnaissance ne peut se faire qu'en assumant un ensemble de coûts supplémentaires de révélation. Les économistes les désignent le plus souvent sous le terme spécifique de « coûts de recherche ». Sans cela, les tricheurs ont toute latitude pour exercer leurs effets corrosifs sur l'ensemble ;

b) *les coûts liés à l'existence d'interconnexions étroites entre différentes transactions.* De nombreuses transactions, en effet, sont encastrées dans un réseau complexe fait d'autres transactions. Dans un cadre de rationalité limitée, il est alors particulièrement complexe d'isoler une transaction et d'en déterminer le calcul de valeur. Pour reprendre une célèbre formule de Pascal, il est souvent impossible d'évaluer les parties sans connaître le tout, et inversement. Par exemple, sur les chantiers de construction, les transactions opérées par chaque corps de métier, même si elles sont techniquement indépendantes, sont étroitement interdépendantes : on ne peut pas mettre l'électricité avant d'avoir posé les murs ! Même dans un cas encore relativement simple comme celui-ci, on devine intuitivement que la valorisation de toutes les transactions qui aboutissent à la construction d'un immeuble implique un travail important.

c) *les coûts liés aux questions d'information incomplète et/ou asymétrique.* Lorsque les participants ne disposent pas d'une information homogène complète, trois difficultés peuvent émerger : en premier lieu, il peut y avoir une divergence entre les buts qui sont poursuivis par chaque individu ; en deuxième lieu, il peut y avoir également des risques de tricherie sur les termes de l'échange ; et, en troisième lieu, il peut être impossible de récompenser les gens en fonction de leur effort réel. De nombreuses situations de ce type existent dans l'économie de tous les jours.

12. Barzel Y., *Economic Analysis of Property Rights*, Cambridge University Press, First Edition, 1989, Second Edition, 1997.

Prenons, par exemple, la question de l'évaluation des résultats de ventes des commerciaux dans les entreprises : en situation de fortes turbulences conjoncturelles, il est difficile de savoir si les agents commerciaux font leur maximum pour vendre les biens ou produits dont ils ont la charge dans l'intérêt de l'offreur. Ils pourraient même être tentés, parfois, de tricher sur les marges qu'ils réalisent vraiment. Suivre et vérifier leurs actions réelles ne se fait donc pas sans effort ni coût. De nombreux problèmes émergent également lorsqu'il s'agit de travail en équipe. Prenons le cas des livreurs de piano ou, dans un autre domaine, des équipes de recherche et développement : dans ce type de travail de groupe, il est particulièrement ardu d'identifier la contribution de chacun au produit final et de le récompenser en fonction. Par là même, les « tire-au-flanc » sont plus difficiles à détecter et peuvent chercher à profiter des efforts déployés par les autres pour engranger les bénéfices d'un travail... qu'ils ont évité de faire ! Comme la suite le montrera (chapitre 4), l'importance des problèmes de cette dernière sous-catégorie a donné lieu à de nombreux travaux, sous le terme de « coûts d'agence ».

Les coûts de coordination dans un marché

Le système de marché connaît également des coûts liés au besoin de coordination entre les agents économiques. Ceux-ci en effet, dans de nombreux cas, n'arrivent pas spontanément à s'ajuster sur leurs attentes, leurs modes de fonctionnement, ou leur communication. Dit autrement, la relation à l'autre, sans être nécessairement un enfer[13], est souvent bien difficile, que l'on soit ou non dans la sphère économique. Ces coûts de coordination peuvent se décomposer également en trois sous-catégories :

d) *les coûts liés aux difficultés des parties prenantes à la transaction à définir leur position relative dans l'échange.* Il s'agit ici des coûts associés à la préparation, la rédaction, la définition et les garanties d'un accord que les parties doivent définir avant la réalisation de la transaction. De manière très pratique, cela prend notamment la forme de la définition d'appels d'offre et de la réponse dans les cahiers des charges. Ce genre d'exercice représente très souvent des centaines, voire des milliers d'heures de travail qu'il faut assumer avant même de commencer à échanger quoi que ce soit.

e) *les coûts liés au besoin des parties à s'ajuster en cours de réalisation de la transaction.* Il s'agit ici de l'ensemble des efforts qui doivent être déployés pour suivre et contrôler la bonne réalisation des transactions, voire corriger les éventuelles divergences et résoudre les conflits qui peuvent survenir, à la suite d'événements inattendus, par exemple.

f) *les coûts liés aux situations de marchandage que génère la relation marchande.* Dans la mesure où les agents sont indépendants et motivés par leur intérêt personnel, ils auront la tentation à chaque occasion d'essayer de renégocier à leur avantage. Cela se traduira par des coûts de marchandage positifs.

13. Pour faire allusion à la célèbre expression « L'enfer c'est les autres », dans la pièce de théâtre de Jean-Paul Sartre, *Huis clos*, Folio Gallimard (2000).

Le tableau 1 résume les différents coûts de transaction qui peuvent être présents sur un marché. Certains sont antérieurs à la réalisation de la transaction, d'autres émergent pendant la période de réalisation. Les premiers sont dits *ex ante*, les seconds *ex post*. Ignorés dans des modèles d'information parfaite, ils n'en représentent pas moins une dimension cruciale dans l'économie réelle.

Tableau 1. Classification des coûts de transaction

	Coûts *ex ante*	Coûts *ex post*
Coûts de mesure	Coûts de recherche (a) Coûts de complexité (b)	Coûts d'agence (c)
Coûts de coordination	Coûts de définition (d) Coûts de marchandage (f)	Coûts d'ajustement (e)

• La mesure des coûts de marché

Une relative évidence pratique

Intuitivement, à la présentation de ces différents coûts de transaction on peut s'attendre à ce qu'ils représentent un poids considérable dans l'économie. Il se pose cependant d'importantes difficultés à leur sujet en termes d'observabilité et de quantification, difficultés qui expliquent en partie leur relative sous-évaluation tant théorique qu'empirique.

Une bonne façon d'apercevoir l'importance que revêt la question de la gestion des transactions est d'observer le travail des entrepreneurs et des managers : une grande partie de leur activité consiste à négocier avec les partenaires de l'entreprise, à assurer la bonne exécution des accords, à chercher de nouveaux clients et de futurs contrats ; mais également, à contrôler leurs subordonnés, à suivre les projets pour qu'ils aboutissent, à gérer les conflits interindividuels, etc. Tout accumulé, on devine que ce sont des millions d'heures de travail qui, chaque année, sont consacrées à gérer l'ensemble des transactions.

Mais une réalité très difficile à quantifier

Si l'observation du travail quotidien des managers laisse clairement deviner l'importance de la question, il est en revanche très difficile de la confirmer par une estimation chiffrée. D'abord, le travail des managers ne peut pas se résumer à la gestion de transactions (ils doivent également assumer un rôle de créateur et de concepteur dans l'organisation). Or on constate une forte indivisibilité des actes et il serait arbitraire de considérer sans examen approfondi qu'une heure de travail d'un manager est une heure de gestion de transaction. Ensuite, si ce travail peut être mené sur quelques individus, il paraît particulièrement ardu de procéder à une généralisation pour toute une économie.

Il y a eu cependant quelques tentatives d'évaluation qui donnent un aperçu intéressant. On peut citer ici les deux plus connues.

• À un niveau macro-économique, Wallis et North (1986)[14] ont mené une analyse historique du *développement du « secteur transactionnel » aux États-Unis* (il s'agit des activités n'étant pas à proprement parler dédiées à la production mais plutôt à l'échange – comme les intermédiaires par exemple). Selon leur estimation, en 1970 ce secteur représentait près de 55 % du PNB des États-Unis, soit plus du double de ce qu'il était un siècle auparavant. Cette estimation, même si des critiques méthodologiques peuvent être faites, montre de façon frappante non seulement l'importance de ces coûts de transaction dans l'économie totale, mais également leur place croissante avec l'intensification de l'activité économique (tableau 2).

Tableau 2. Estimation des coûts de transaction dans l'économie américaine (1870-1970)

Années	Coûts de transaction issus du secteur privé	Coûts de transaction issus du secteur public	Part totale du secteur des coûts de transaction dans le PNB américain
1870	22,5 %	3,6 %	26,1 %
1890	29,1 %	3,6 %	32,7 %
1910	31,5 %	3,7 %	35,2 %
1930	38,2 %	8,2 %	46,3 %
1950	40,3 %	10,9 %	51,2 %
1970	40,8 %	13,9 %	54,7 %

Source : Wallis J., et North D. C. (1986, page 121).

• À un niveau beaucoup plus micro-économique, trois auteurs américains, Masten, Meehan et Snyder (1991)[15] ont pour leur part estimé les *coûts de transaction générés sur un chantier de construction navale*. Les principaux résultats de leurs estimations économétriques sont résumés (les estimations ont été établies sur un échantillon de 76 décisions de faire en interne ou d'acheter des composants) dans le tableau 3. Ces estimations montrent que, si toutes les transactions étaient gérées par une interface de marché (cas où tous les composants sont sous-traités), alors cela produirait plus du doublement du coût global du projet concerné. L'augmentation serait d'à peu près 50 % dans l'hypothèse où aucune transaction ne serait gérée par l'interface de marché. Il apparaît également que,

14. Wallis J. et North D. (1986), « Measuring the Transaction Sector in the American Economy », in *Long Term Factors in American Economic Growth*, Engerman S. et Gallman R., éd., University of Chicago Press.

15. Masten S., Meehan J. et Snyder E. (1991), « The Costs of Organization », *Journal of Law, Economics and Organization*, 7, p. 1-25.

des trois, c'est la solution réelle adoptée par le management du projet qui se révèle la moins coûteuse. Cela tend à plaider en faveur d'une relative rationalité locale des décideurs. Ces résultats, bien sûr, ne sont pertinents que pour le cas précis qui est étudié et n'autorisent pas à tirer des conclusions générales sur l'efficacité comparée des trois solutions. Mais ils permettent de montrer empiriquement qu'il n'y a pas *a priori* de mode d'organisation en soi plus efficace que les autres.

Tableau 3. Estimation comparative des coûts liés à la gestion des transactions sur un chantier de construction navale

	Composants faits en interne	Composants achetés	Total
Coûts estimés	1 863 620 $	1 717 710 $	3 581 330 $
Coûts si tous les composants étaient faits en interne	1 863 620 $	2 945 930 $	4 809 260 $
Coûts si tous les composants étaient sous-traités	5 345 200 $	1 717 710 $	7 155 060 $

Source : Masten S., Meehan J. et Snyder E. (1991).

B. L'impact des coûts du marché sur le fonctionnemment de l'organisation économique

L'existence des coûts de transaction joue donc un rôle substantiel dans l'efficacité globale du système économique. Toutes choses égales par ailleurs, on considère alors qu'une économie gagne en efficience lorsqu'elle réduit le niveau de ces coûts de transaction. C'est ce qu'on appelle le **principe de minimisation des coûts de transaction.**

Cette recherche de minimisation est abordée de deux manières différentes :

– à un niveau macro-économique, on considère que les coûts de transaction influent sur le niveau d'équilibre global des marchés ;

– à un niveau micro-économique, la recherche de minimisation va conduire les agents économiques à choisir le mode d'organisation le moins coûteux pour gérer leurs transactions.

D'un point de vue global, ces coûts de transaction s'ajoutent aux autres coûts, tant du côté de l'offre que de la demande. L'information est considérée comme un bien au même titre que les autres. Cette perspective permet de traiter la question dans un cadre néoclassique habituel (graphique 1).

Graphique 1. Coûts de transaction et équilibre de marché

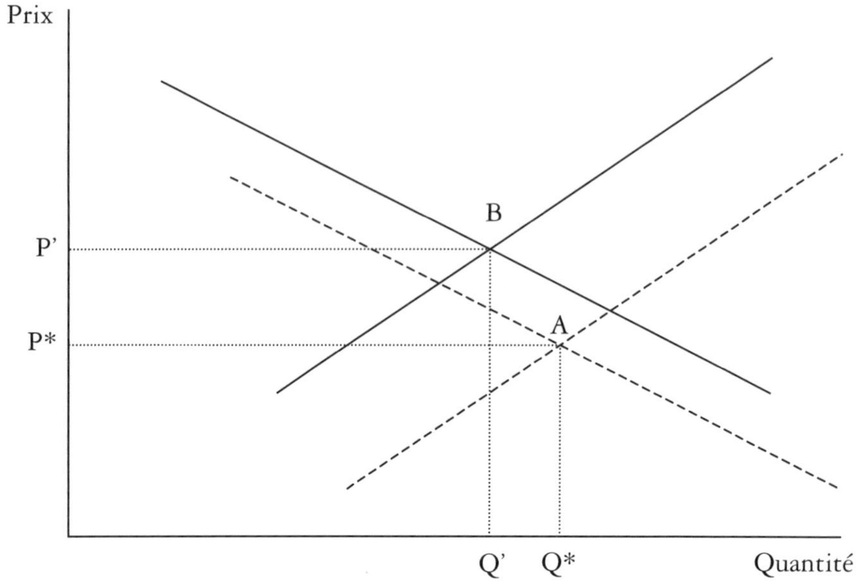

Dans ce graphique, le couple (P*, Q*) représente le point d'équilibre « optimal » (A), c'est-à-dire sans coûts de transaction. Par rapport à ce point, on considère le couple (P', Q') comme l'équilibre réel (B). L'écart entre les deux points A et B indique le niveau de coûts de transaction sur le marché.

Encadré 5
Le développement des nouvelles technologies de l'information et la baisse des coûts de transaction

Les grandes inventions, comme le téléphone, l'automobile ou l'avion, qui favorisent la vitesse et la fréquence des contacts entre les individus, tendent à réduire les coûts de transaction dans l'économie et, par là même, à favoriser son dynamisme. Avec le développement des nouvelles technologies de l'information (TIC), et en particulier de l'Internet, beaucoup ont vu émerger un nouveau monde, avec de nouvelles règles économiques. On soulignait notamment comment les nouvelles technologies de l'information allaient permettre une parfaite diffusion de l'information en volume comme en qualité. Les asymétries d'information allaient pouvoir être, sinon supprimées, du moins largement réduites. Les marchés allaient ainsi pouvoir s'approcher d'une situation à coûts de transaction nuls.

L'histoire récente apporte cependant une perspective plus nuancée. De nombreuses études ont notamment tenté d'évaluer l'impact des nouvelles technologies de l'information sur la croissance. Sans être insignifiants, les résultats apparaissent plus modestes que la révolution parfois annoncée. Selon des évaluations reprises par un rapport pour le Conseil d'analyse économique[16], « la contribution des TIC, qui était comprise entre 0,1 et 0,3 point de croissance

16. Curien N. et Muet P.-A. (2004), *La société de l'information*, Rapport au CAE, La Documentation française. Téléchargeable à http://www.cae.gouv.fr/rapports/dl/47.pdf.

il y a vingt ans, varie selon les pays de 0,3 à 0,9 point au cours des cinq dernières années. [...] La contribution serait de l'ordre de 0,35 point en France, en Allemagne et en Italie, de 0,5 point au Royaume-Uni, autour de 0,6 point en Australie, en Finlande et au Canada, et avoisinerait 0,9 point aux États-Unis ».

C. Le choix d'un mode de gouvernance coopératif en présence de coûts de transaction élevés

À un niveau plus micro-économique, d'autres auteurs ont étudié les liens entre l'existence de coûts de transaction et les choix de modes d'organisation, ou modes de gouvernance. Dans le contexte précis qui nous intéresse, la gouvernance se définit comme « le cadre contractuel explicite ou implicite dans lequel se situe une transaction (marchés, firmes et modes intermédiaires, comme par exemple la franchise) » [17].

En d'autres termes, un mode de gouvernance correspond au mécanisme mis en place par les agents économiques pour mener à bien la réalisation de leur transaction. Pour une même transaction, un coût de coordination peut être affecté à chaque mode de gouvernance possible. Selon un principe d'efficience, les agents opteront pour le mode de gouvernance qui, toutes choses égales par ailleurs, permet de réaliser la transaction au moindre coût. De façon stylisée, les deux modes de gouvernance « extrêmes », comme indiqués précédemment sont le marché – établi sur la libre négociation entre individus – et l'organisation – fondée sur la coopération entre les agents et la mise en place d'une relation hiérarchique. Le fondement de cet arbitrage entre les deux formes – organisation et marché – peut être stylisé par le graphique 2.

Ce graphique montre que plus les transactions deviennent complexes et difficiles à gérer, plus le surplus social tend à diminuer. Mais il montre également que, comparativement, la solution par l'organisation devient plus efficace que celle par le marché.

Cette idée se comprend en gardant à l'esprit que le mode de gouvernance est la structure que mettent en place les agents économiques pour assurer la bonne réalisation de leurs transactions, sachant : 1) qu'il peut y avoir des asymétries d'information, 2) que les agents ont une capacité de calcul limitée, 3) qu'ils peuvent redouter des risques d'opportunisme.

Lorsqu'il s'agit de choisir un mode de gouvernance, l'arbitrage va s'opérer sur la base des règles suivantes – dont la justification sera l'objet des chapitres suivants :

- Plus le mode de gouvernance est proche du système de marché, plus il est incitatif pour les agents sur une base individuelle.

17. Williamson O. (1981), « The Modern Corporation : Origins, Evolution, Attributes », *Journal of Economic Literature*, 19, p. 1537-1568.

Graphique 2. Surplus social et coût de gestion des transactions

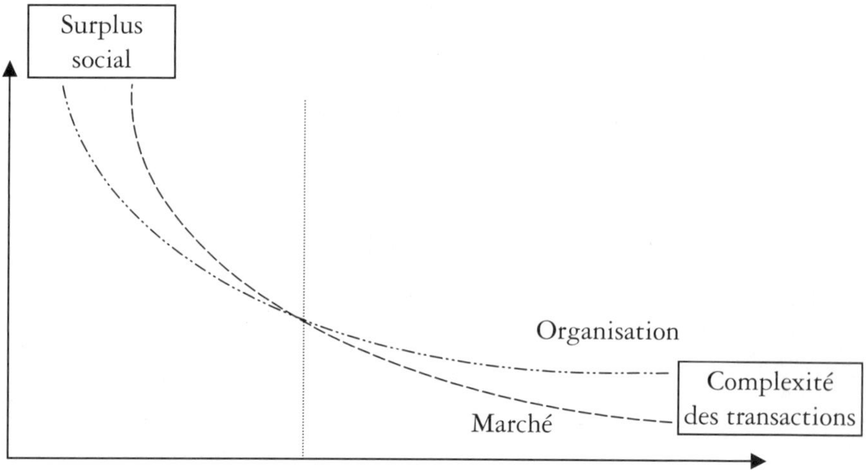

Source : Gibbons (2000, p. 5).[18]

• Plus le mode de gouvernance est proche de la hiérarchie, plus il présente de contrôles administratifs sur l'échange.

• Plus le mode de gouvernance est proche du système de marché, plus il est capable de s'adapter de manière autonome aux variations de l'offre et de la demande.

• Plus le mode de gouvernance est proche de la hiérarchie, plus il est capable de s'adapter de manière coordonnée à des contingences non anticipées.

L'affirmation de ces règles repose sur l'idée que, si marchés et organisations sont des interfaces de coordination alternatives – c'est-à-dire substituables pour assumer une même transaction –, ces deux modes de gouvernance fonctionnent sur des mécanismes de coordination radicalement différents – que ce soit au niveau des incitants, du contrôle, des pratiques (telles que traduites dans le droit) ou des modes d'adaptation (*cf.* tableau 4).

18. Gibbons R. (2000), *Why Organizations Are Such a Mess (and What an Economist Might Do About It)*. Mimeo, MIT ; téléchargeable à http://web.mit.edu/rgibbons/www/Org_mess.pdf.

Tableau 4. Approche comparative des modes de coordination entre le marché et l'organisation

Principes de coordination entre agents économiques	Marché	Organisation
Mise en relation	négociation	autorité
Principe d'ajustement	décentralisé	centralisé
Pouvoir incitatif	élevé	faible
Contrôle administratif	faible	élevé
Régime juridique	droit commercial	droit du travail
Adaptation	autonome	coordonnée

La rationalité économique conduira à choisir l'alternative comparativement la plus efficiente, c'est-à-dire permettant d'économiser les coûts de transaction, toutes choses égales par ailleurs.

Chapitre 2

Le partage des activités économiques ou les frontières des firmes

La prise en compte des coûts de transaction dans le système économique permet de comprendre pourquoi des modes de gouvernance comme le marché ou l'organisation forment des alternatives possibles pour une même transaction. Elle définit ainsi une ligne de partage entre les activités réalisées sous forme marchande et celles qui sont gérées sous forme administrative.

Le système économique se conçoit en effet comme la somme de millions de transactions imbriquées entre elles de manière complexe. L'objet de ce chapitre est de comprendre par quels mécanismes les coûts de transaction vont orienter certaines transactions soit vers le marché, soit vers l'organisation. Ce chapitre présente quelques exemples illustratifs avant d'exposer les fondements théoriques du raisonnement.

I. Un choix économique fondamental : faire ou faire faire

L'une des problématiques sous-jacentes aux problèmes des frontières de l'organisation est celle de la décision du faire ou du faire faire. En effet, dans les entreprises, la question se pose fréquemment : doit-on développer l'activité au sein de l'entreprise (« faire » : par exemple, gérer soi-même son informatique) ou, au contraire, la déléguer (« faire faire », par exemple, la confier à un prestataire de services externes). Cette interrogation, à premier abord prosaïque, pose fondamentalement la question des frontières des organisations.

A. Les deux logiques de production

Prenons, pour commencer, le cas d'un offreur – par exemple de services informatiques – qui travaille pour un demandeur – par exemple un service de ressources humaines qui souhaite disposer d'un logiciel de gestion des rémunérations du personnel. Les façons de réaliser cette attente peuvent prendre des formes très différentes, selon que l'on choisira de faire, ou de faire faire.

• Faire

Dans ce premier cas, les deux parties – l'offreur et le demandeur – appartiennent à la même organisation. Fondamentalement, ils possèdent un employeur commun et travaillent conjointement pour obtenir un résultat global. C'est le plus souvent au niveau de l'entreprise que se répercute le résultat de leur travail mesuré notamment par les résultats financiers. Notre offreur et notre demandeur, dans l'entreprise, sont liés ensemble de multiples façons. En premier lieu, leurs espérances de profit sont jointes (ils sont l'un et l'autre profitables ou non). Ils s'inscrivent également dans des lignes hiérarchiques qui à un point ou un autre de l'organigramme se rejoignent. Ils répondent à une même autorité en dernier ressort. En second lieu, ils travaillent aussi en respectant des règles communes formelles (comme les accords d'entreprise, par exemple, sur le temps de travail) et informelles (ce qu'on a coutume d'appeler la culture d'entreprise, en particulier). Bref, on pourrait poursuivre la description, mais le maître mot ici est coopération. Dans le choix du faire, offreur et demandeur travaillent de manière collective pour un objectif commun.

• Faire faire

Dans ce second cas, les deux parties – l'offreur et le demandeur – appartiennent à deux entreprises indépendantes. Ils travaillent chacun pour leur compte (ou pour le compte de leurs employeurs si l'on se place au niveau des employés qui réalisent la prestation) et travaillent indépendamment pour améliorer leurs propres résultats. Chacune des deux parties cherche elle-même à améliorer (maximiser) son profit. L'offreur et le demandeur sont généralement liés par un contrat commercial. Dans ce contrat on trouvera indiqués les prix des prestations, leur mode de livraison, les règles à suivre en cas de conflit, les échéances à respecter, etc. Mais ici il n'y a pas de supérieur commun. Chacun possède ses règles internes de fonctionnement qui n'impliquent nullement celles de l'autre partie, sachant que l'un et l'autre communiquent l'information qu'ils souhaitent. L'ajustement entre les deux parties se fait par la négociation dans laquelle chacun garde son autonomie.

Encadré 1
Quelques exemples de choix d'organisation

L'émergence des sociétés de services informatiques ou la création d'un marché intermédiaire

L'émergence du secteur des sociétés de services informatiques (SSII) montre assez bien comment un changement organisationnel peut modifier profondément la structure d'un secteur économique. Après la décision d'IBM de séparer prestations et matériels, de nouveaux offreurs de services ont pu entrer sur ce marché (qui auparavant était « fermé », c'est-à-dire dépendant quasi exclusivement des informaticiens d'IBM). Cette diversité a conjointement stimulé l'innovation et l'émergence de nouveaux besoins et a permis des taux de croissance importants. Au bout de quelques années (essentiellement depuis la décennie 1990), nombre de grandes entreprises se sont aperçues qu'il pourrait leur revenir moins cher de recourir de manière plus fréquente à des prestataires extérieurs plutôt que de posséder dans leurs effectifs des armées d'informaticiens difficiles à occuper entre deux projets. C'est ce qui a entraîné une vague d'externalisation.

La vente des PC dans les grandes surfaces ou la création d'un marché aval

Aujourd'hui, il est banal d'acheter son ordinateur personnel dans une grande surface, comme on achète une boîte de conserves ou un livre. Il ne faut pas oublier que cela ne date que de quelques années et que, auparavant, vous ne pouviez acquérir ce matériel qu'auprès de distributeurs spécialisés, voire de points de vente appartenant au constructeur informatique. À l'époque, pour utiliser un ordinateur il était nécessaire de former, conseiller et suivre les consommateurs profanes (c'est-à-dire non informaticiens) car les logiciels n'offraient pas la convivialité à laquelle chacun est aujourd'hui habitué. Les risques de panne étaient également plus élevés. Les vendeurs devaient être des techniciens capables d'aider les acheteurs sur tous ces aspects. Les constructeurs portaient donc une attention toute particulière à leurs réseaux de distribution afin d'éviter que des individus incompétents ne risquent de décourager les utilisateurs et de dissuader les acheteurs potentiels. Ils exerçaient un contrôle étroit sur leurs détaillants par un système de franchises souvent complété de points de vente tenus par leur personnel. Un tel système de distribution est cependant très coûteux (représenté par les frais de personnels qualifiés et l'implantation de points de vente spécifiques). Lorsqu'il a été possible d'offrir des ordinateurs individuels « prêts à l'emploi » (système d'exploitation convivial, logiciels s'installant automatiquement, faibles risques de pannes, etc.), alors il a été également possible d'économiser sur ces frais d'information et de conseil aux acheteurs d'une part, de profiter des capacités de vente à grande envergure et d'efficacité logistique des grandes surfaces d'autre part. Paradoxalement, aujourd'hui, avec le développement d'internet, on assiste au retour d'une distribution plus intégrée, mais sous une autre forme. Un constructeur comme DELL vend directement auprès des consommateurs. Il est à même d'économiser sur des coûts de distribution et de personnaliser en même temps son offre auprès des gros clients. Bientôt la vente de PC en grande surface sera peut-être à classer dans la catégorie des curiosités historiques !

Le système universitaire ou « l'efficacité bureaucratique »

Dans un système de pur marché, chaque étudiant (en tant que demandeur d'une offre de formation) devrait identifier et choisir ses enseignements (auprès des enseignants, offreurs de programmes éducatifs). Il devrait ensuite négocier le contenu de chaque enseignement ainsi que le prix de ce service. On imagine facilement le temps qu'il faudrait passer et les efforts à déployer pour mener une formation complète et cohérente. L'université, en tant qu'organisation, facilite la rencontre des offreurs et des demandeurs par un système simple d'inscriptions permettant aux étudiants d'accéder à des programmes standards de formation qui, par ailleurs, fournissent aux professeurs des lignes directrices pour développer de manière cohérente leurs enseignements. L'interface universitaire apparaît ainsi clairement comme un instrument de simplification et de cohérence sur ce marché de l'éducation supérieure.

B. La nature de l'arbitrage entre faire et faire faire

Le choix d'une forme d'organisation, plutôt que son alternative, est étroitement relié au contenu informationnel du service ou du produit qui est fourni. Donnons quelques arguments fréquemment évoqués en faveur de chacune des solutions.

- *La solution du faire* permet d'adapter l'offre au plus près des besoins de la demande, puisque les deux parties peuvent s'échanger toutes les informations nécessaires au sein de la même organisation. Elle permet également de limiter les risques de dysfonctionnements liés au désaccord entre les parties – notamment sur le partage des bénéfices ou lorsque surviennent des événements imprévus – dans la mesure où les parties ont un destin lié. Et, dans le cas où, quand même, émerge une situation conflictuelle, le responsable hiérarchique situé au niveau pertinent a la possibilité d'imposer une solution rapide et efficace.
- En revanche, *la solution du faire faire* possède d'autres avantages. Dans cette situation, l'offreur a très certainement d'autres clients grâce auxquels il peut réaliser des économies d'échelle ou maintenir un flux d'activité constant. À l'opposé, le demandeur, qui a lui aussi très certainement plusieurs offreurs possibles, peut user de ce privilège pour inciter son fournisseur à réaliser des gains de productivité ou à accroître ses efforts d'innovation.

Quel mode d'organisation doit-on préférer, alors, pour son service informatique ? La meilleure réponse est très certainement de dire... « qu'il n'y a pas de réponse » ou, plutôt, « qu'il n'y a pas une forme d'organisation qui par nature serait systématiquement préférable aux autres ». Le choix ne peut venir que d'une analyse détaillée des performances mais également des risques qu'implique chacune des alternatives organisationnelles. Ainsi, aujourd'hui, beaucoup de fonctions comme l'informatique sont externalisées par les entreprises pour maintenir leur compétitivité. Auparavant, c'était la solution interne qui prévalait. Les technologies, les compétences, les savoir-faire et les attentes évoluent dans le temps. Les modes de coordination entre les agents évoluent logiquement dans le même temps.

Encadré 2

Le choix de l'externalisation des fonctions de l'entreprise : une photographie en 2005

Régulièrement, la société de conseil et d'audit Ernst & Young publie les résultats d'un sondage sur les pratiques des entreprises françaises en matière d'externalisation[1]. Pour l'exercice 2005, leurs principales conclusions sont les suivantes :

- « 96 % des dirigeants interrogés déclarent savoir ce qu'est l'externalisation, *outsourcing* ou gestion déléguée, un taux en croissance continue. Le nombre d'entreprises ayant recours à l'externalisation (65 %) se stabilise.
- En revanche, forte progression du nombre moyen de fonctions externalisées par entreprise qui passe de 4 à plus de 6.
- Progression constante de l'externalisation des fonctions supports : les plus largement externalisées restent la restauration, le transport et la flotte automobile.
- Moindres coûts, meilleure qualité, plus de flexibilité sont les avantages reconnus.
- La crainte d'une perte de contrôle – comme les années précédentes – arrive en tête des inconvénients réels ou supposés de l'externalisation.
- L'externalisation et le risque social, une inquiétude des collaborateurs mieux prise en compte. »

II. Les attributs de la transaction

Ces quelques exemples montrent intuitivement que le choix d'une structure de gouvernance est étroitement lié aux caractéristiques particulières de la transaction concernée. Il importe donc de focaliser l'analyse sur cet « atome » du système économique – la transaction – afin d'en dégager les éléments structurels – les attributs.

Une transaction peut se définir comme un *transfert de biens ou de services* d'un agent économique à un autre. L'objet d'analyse n'est donc pas le volume de production d'une entreprise ni le prix de vente de l'unité produite, mais se situe à un niveau beaucoup plus précis. Ainsi, un processus économique de transformation qui permet d'aller d'un stock d'*inputs* à un volume d'*outputs* est un ensemble plus ou moins complexe et nombreux de transactions (encadré 3). En termes de vocabulaire, une transaction qui s'opère sur un marché est généralement désignée par le mot « échange ». En revanche, une transaction réalisée dans une organisation sera plutôt dénommée « transfert ».

1. Ernst & Young (2005), *Baromètre Outsourcing*. Rapport téléchargeable à premiumwanadoo.com/percall/percall/IMG/pdf/ErnstYoung_Barometre_Outsourcing_05.pdf. Les conclusions sont formulées en page 3 de cette étude.

Encadré 3
Pourquoi tout n'est pas aussi simple que l'achat d'une paire de chaussures ?

La forme d'organisation la plus simple est celle d'une relation de marché (d'un point de vue concret, l'achat dans un magasin). L'accord entre les deux parties (l'acheteur et le vendeur) se fait sur un produit présentant certaines caractéristiques physiques (taille, matériaux, style, etc.) et temporelles (saison) et se résume à travers un prix. Mais, tout ne s'organise pas aussi simplement. Si l'on remonte la filière pour s'intéresser à la transaction entre le détaillant et le fabricant, la relation apparaît déjà plus complexe. Elle implique non seulement des produits, mais aussi des engagements sur des périodes de livraison, des quantités, une gestion de la marque, etc. Si l'on remonte encore dans les transactions entre le fabricant et les fournisseurs de matières premières, on retrouve également des accords par lesquels les parties s'engagent sur les quantités, la qualité et parfois un contrôle sur certaines externalités (par exemple, le fabricant peut exiger de son sous-traitant que le travail ne soit pas réalisé sans un certain respect de normes sociales et doit alors s'assurer qu'il en est bien ainsi. Il se garantit ainsi contre le risque que rejaillissent sur son image de marque les mauvaises pratiques de ses fournisseurs). Quand les transactions se font complexes, les agents économiques ne peuvent plus simplement se comporter comme le client qui achète « tout simplement » sa paire de chaussures.

A. La spécificité des actifs

La réalisation d'une transaction implique d'investir dans un certain nombre d'actifs. Un actif est spécifique à la transaction lorsqu'il ne peut pas être redéployé vers un autre usage ou repris par un autre utilisateur (donc servir à une autre transaction) sans subir une baisse significative de sa valeur.

Beaucoup d'actifs apparaissent ainsi spécifiques à la transaction qu'ils supportent. Par exemple, les infrastructures réalisées pour supporter les moyens de transport sont fortement spécifiques. Il est particulièrement difficile de faire passer autre chose que des trains sur des rails ou de changer le parcours que suivent ces rails ! De même, si la Grande-Bretagne n'était plus une île, il serait délicat de redéployer le tunnel sous la Manche !

La distinction entre *actifs spécifiques et actifs non spécifiques* ne doit pas être confondue avec celle qui distingue actifs fixes et variables (graphique 1). Certains actifs spécifiques sont fixes (comme certaines machines-outils), d'autres variables (en particulier au niveau des actifs humains). Également, certains actifs non spécifiques sont fixes (comme souvent les bureaux ou les camions) ou variables (par exemple, les matières premières).

Ainsi, pour tout actif, il est possible de considérer un *degré de spécificité* qui représente une portion du total de sa valeur d'usage présente.

On a donc : $AS = \alpha\, AT$ avec $0 \leqslant \alpha \leqslant 1$, sachant que AS représente la valeur spécifique de l'actif et AT celle de la valeur de l'actif dans son usage actuel.

- Si $\alpha = 0$, alors l'actif est non spécifique (par exemple, un point de vente est convertible en un point de vente d'un autre bien).

Graphique 1. Distinction entre les concepts de spécificité et de fixité des actifs

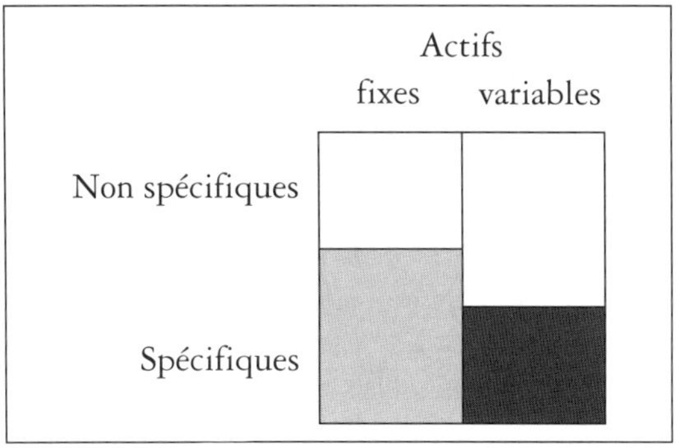

• Si $\alpha = 1$, alors l'actif est totalement spécifique (par exemple, une machine-outil développée pour un besoin industriel unique).

La notion d'actif spécifique s'évalue, d'un point de vue économique, à la hauteur des coûts d'opportunité relatifs à son utilisation. Le coût d'opportunité est la différence qui existe entre les bénéfices que l'on tire de l'usage actuel d'un actif et ceux que l'on pourrait attendre d'un usage alternatif.

L'existence de ces investissements spécifiques modifie radicalement la nature de la relation entre offreurs et demandeurs. Analysée sur la ligne de temps, elle se décompose en phase de négociations et de renégociations par lesquelles les différentes parties prenantes s'ajustent séquentiellement en fonction de leurs intérêts propres (graphique 2).

Graphique 2. Schéma type d'un processus de contractualisation d'une transaction

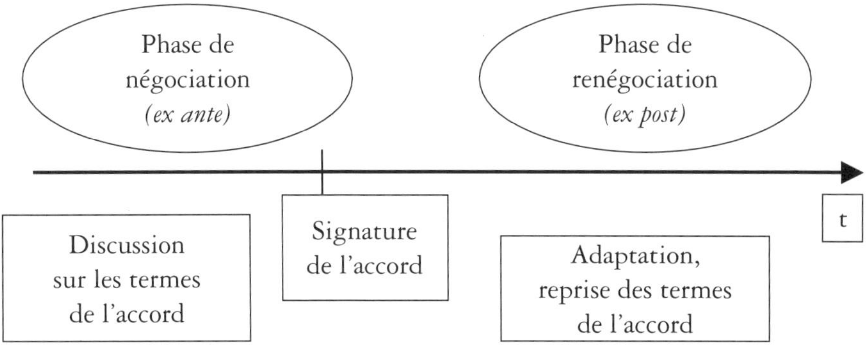

En présence d'investissements spécifiques, les parties prenantes à la transaction ne disposent plus des mêmes capacités d'adaptation : avec la réalisation concrète de la transaction, offreurs et demandeurs se trouvent liés par des intérêts communs qui réduisent leur liberté de sortie de l'accord, et donc leurs marges de renégociation. Cette évolution vers une bilatéralisation de la relation, qui biaise le jeu concurrentiel néoclassique, est connue sous le terme de « transformation fondamentale »[2].

Afin de comprendre en quoi la relation entre offreurs et demandeurs se modifie en cas d'investissement spécifique, détaillons les deux moments clefs d'une transaction :

→ **T_1 (phase de négociation initiale)** : dans cette phase initiale, les parties se confrontent sur la définition des transactions. Il s'agit d'une situation concurrentielle classique où rien n'a encore été réalisé et où l'on retrouve un nombre important d'offreurs et de demandeurs. Il s'agit d'une phase de « promesses », dans la mesure où les parties s'accordent sur leurs actions futures. Les mécanismes concurrentiels traditionnels s'appliquent, par lesquels les différentes offres peuvent se confronter pour répondre aux demandes exprimées.

→ **T_2 (phase de renégociation)** : dans cette phase, les parties mettent concrètement en place des investissements spécifiques à la transaction. Elles n'ont plus qu'un nombre limité ou nul d'alternatives pour faire jouer la concurrence, en fonction du coût d'opportunité qui hausse comparativement les coûts de passage à une autre solution.

Nous assistons ainsi au passage d'une situation de marchandage entre acteurs autonomes (c'est-à-dire non dépendants l'un de l'autre) vers une situation de marchandage bilatéral. Du fait de cette spécificité des actifs, qui affecte les coûts d'opportunité auxquels fait face chacune des parties dans l'évaluation des alternatives, émerge potentiellement une situation d'asymétrie (conflictuelle) dans la négociation.

B. Les différentes formes de spécificité des actifs

Le concept de spécificité des actifs est générique et s'applique *a priori* à tout type d'actif supportant une transaction. Quatre grands types de spécificité des actifs sont généralement distingués.

• La spécificité de site

Elle concerne des actifs dont l'utilisation requiert qu'ils soient localisés en un lieu particulier, en sorte que les coûts d'installation et/ou de relocalisation sont élevés.

Dans de nombreux cas, différents actifs doivent être placés les uns à côté des autres afin d'économiser sur les coûts de transport et de stockage, ou pour améliorer l'efficacité du système de production. Un exemple classique est celui de la transformation de l'acier. En effet, pour passer du haut-fourneau au laminage, il est indispensable que le métal reste en fusion. Il est donc nécessaire que les deux phases de production soient « colocalisées » (au localisation en même lieu).

Dans d'autres cas, la valeur du bien tient au caractère idiosyncrasique de la localisation. Par exemple, dans l'industrie du tourisme, on comprend aisément que la valeur d'un hôtel dépende en partie de sa localisation. La valeur d'une

2. Williamson O.E. (1994), *Les Institutions de l'économie*, InterÉditions.

chambre avec vue sur la mer Méditerranée n'aura pas la même valeur que celle située au milieu de nulle part (pour ne vexer personne !).

• La spécificité des actifs physiques

La spécificité des actifs physiques concerne les équipements et machines développés en support d'une transaction précise. On peut citer le cas d'une machine-outil élaborée pour emboutir les tôles d'un modèle particulier de véhicule dans l'industrie automobile et qui n'aurait plus d'usage, ou qui devrait être sérieusement adaptée, pour une autre ligne de production. En revanche, un camion poubelle n'est pas pour une ville un investissement spécifique. Elle peut, si elle le souhaite, le revendre à une autre commune qui a le même besoin. La spécificité se définit non seulement par rapport à un usage alternatif, mais également par rapport à un utilisateur alternatif.

• La spécificité des actifs dédiés

La spécificité des actifs dédiés caractérise l'investissement qui est fait dans une transaction pour satisfaire le besoin particulier d'un client. Cet investissement n'est avantageux que si la relation avec le client se passe comme prévu. Il s'agit ici essentiellement d'une augmentation de capacités liées à une transaction particulière et qui seraient coûteuses à redéployer en cas de rupture. Il peut s'agir par exemple de l'agrandissement d'une usine pour répondre à la demande d'un client précis.

• La spécificité des actifs humains

La spécificité des actifs humains concerne, par définition, la formation du capital humain mobilisé dans la réalisation de la transaction. De fait, les agents, individuellement ou en groupe (travail d'équipe), acquièrent de l'information, des connaissances et des compétences qui ne sont valorisables que dans le cadre de leur travail. Ces actifs humains sont intangibles par nature.

De nombreuses formes de spécificité des actifs humains existent. Par exemple, les agents commerciaux doivent, pour vendre, connaître de nombreuses informations sur les spécificités de leurs produits, les attentes de leurs clients, les modes de fonctionnement et les capacités de réaction des autres parties prenantes dans le processus, etc. Autant de connaissances que, très souvent, il faudra reconstruire en cas de changement de poste.

Encadré 4

Quelques exemples de spécificité des actifs dans les transactions économiques.

• *Spécificité de site.* « [Dans la production par charbon de l'électricité], il existe un nombre relativement réduit d'usines qui ont été implantées à côté de mines spécifiques dans la perspective de s'approvisionner en totalité ou pour l'essentiel dans cette mine. Ces usines "à fleur de mine" sont en général construites en même temps que la mine elle-même. [...] Le risque qu'émergent des problèmes d'opportunisme *ex post* si les parties s'appuient sur des négociations répétées est particulièrement élevé. » (Joskow, 1985) [3]

• *Spécificité des actifs physiques.* « Le capital et les équipements utilisés dans la construction [...] ont moins de chances [que dans l'industrie] d'être spécifiques à une transaction particulière. Dans la mesure où chaque projet de construction se développe sur un seul et unique site, les actifs eux-mêmes auront moins de chances d'être mobiles. Et, parce que le produit final est souvent unique ou produit en quantités limitées, les actifs dans la construction doivent être adaptables pour servir à différents emplois. En conséquence, les spécificités d'actifs physiques ont moins de chances d'être des déterminants importants de la forme organisationnelle dans la construction par rapport à l'industrie. » (Masten, Meehan, Snyder, 1991) [4]

• *Spécificité des actifs humains.* « Les actifs spécifiques à une transaction sont également humains sous la forme de connaissances et de relations de travail définies pour une finalité spéciale, qui émergent dans l'expérience et créent du capital humain spécifique, plutôt que général. Un exemple est l'importante formation et non moins importante expérience dont les commerciaux d'IBM ont besoin pour apprendre les techniques de vente d'IBM, la culture d'entreprise d'IBM et les caractéristiques uniques des produits IBM, ainsi que pour créer et développer des relations de travail essentielles dans une bureaucratie si complexe. » (Anderson, 1985) [5]

• *Spécificité des actifs dédiés.* « [Dans l'industrie des télécommunications], des services dédiés sont particulièrement conçus pour répondre aux besoins d'une industrie précise (notamment, les secteurs de la finance, du transport et de l'industrie). Il s'agit de services de gestion des réseaux ou de gestion des communications. Ces services sont souvent développés par des alliances dominées par les utilisateurs. » (Brousseau et Quélin, 1996) [6]

C. L'incertitude / la complexité d'une transaction

Le deuxième attribut de la transaction correspond au degré d'incertitude et/ou de complexité qui la caractérise. Ces deux éléments sont la conséquence directe des hypothèses d'asymétrie d'information et de rationalité limitée développées dans le chapitre 1. L'*incertitude* dans la transaction concerne plus particulièrement l'émergence d'événements imprévisibles dans le déroulement de la transaction, que ce soit quant au moment de leur survenance, quant à leur nature ou quant à leur dimension. La différence principale avec le risque est ainsi le caractère non quantifiable de l'incertitude. La *complexité* concerne l'organisation de transactions

3. Joskow P. (1985), « Contract Duration and Relationship-Specific Investments : Empirical Evidence from Coal Markets », *American Economic Review*, vol. 77, n° 1, p. 168-185.

4. Masten Scott E., Meehan James W., Snyder Edward A. (1991), « The Costs of Organization », *Journal of Law, Economics and Organization*, 7(1), p. 1-27.

5. Anderson E. (1985), « The Salesperson as Outside Agent or Employee : A Transaction Cost Analysis », *Marketing Science*, 4 (3), p. 234-254.

6. Brousseau E. et Quélin B. (1996), « Asset Specificity and Organizational Arrangements : The Case of the New Telecommunications Services Market », *Industrial and Corporate Change*, 5, p. 1205-1230.

multiples et interdépendantes. Plus une situation est complexe, plus il est difficile d'anticiper toutes les solutions possibles.

Encadré 5
Incertitude dans les transferts de technologie et besoins de supervision dans les contrats de licences

« [Dans les transferts internationaux de technologie par licence], le niveau de risque dépend à la fois de la complexité du transfert – i.e. des enjeux technologiques liés à la valeur des investissements spécifiques réalisés par le licencieur et à leur appropriabilité par le licencié – et de l'incertitude concernant le comportement du licencié. Cette incertitude s'accroît avec la distance relationnelle qui existe entre les parties. Par distance relationnelle, nous voulons dire la familiarité entre les deux parties qui dérive de relations antérieures. Quand le licencieur et le licencié ne se connaissent pas, qu'ils ne bénéficient pas de connaissances issues de l'expérience, alors le partage d'information et de savoir est une source potentielle de confusion et d'incompréhension. Le licencieur, en conséquence, se doit de suivre plus étroitement la relation avec le licencié afin de s'assurer du succès du transfert tout autant que de prévenir tout comportement opportuniste. » (Brousseau et Cœurderoy, 2005)[7]

D. La fréquence de la transaction

Le troisième attribut d'une transaction concerne sa fréquence, c'est-à-dire la répétitivité du transfert qu'elle réalise. Certaines transactions ne se font que rarement, voire une seule fois, comme les chantiers de construction d'immeubles. D'autres, en revanche, font preuve d'une répétitivité importante, voire d'un flux continu. Les transactions de matière première, ou de composants dans les processus industriels sont généralement effectuées avec une fréquence particulièrement élevée.

Encadré 6
Fréquence des transactions et choix d'organisation dans les télécommunications

« La fréquence des transactions relatives aux équipements publics de commutation [dans les télécommunications] est déterminée par la croissance du réseau, la durée du matériel, ou plus récemment par son obsolescence. Plus spécifiquement, ce dernier point augmente la nécessité de construire une relation de long terme entre l'opérateur et ses fournisseurs. Pendant la période électromécanique, les commutateurs avaient une durée de vie très longue, parfois supérieure à quarante ans. Cela impliquait une faible fréquence de renouvellement de l'ensemble du parc d'équipement de commutation. Avec la digitalisation des contrô-

7. Brousseau E. et Cœurderoy R. (2005), « Combining Institutional and Contractual Mechanisms to Control Transactional Hazards Related to Transfers of Technology : An Empirical Analysis of Supervision Provisions in Technology Licensing Agreements », *International Journal of the Economics of Business*, 11 (3), novembre, p. 425-446.

les, la durée de vie d'un équipement de commutation s'est considérablement réduite. Cependant, la possibilité d'améliorer les logiciels dans le système peut permettre de maintenir une durée assez longue pour la partie *hardware*. En l'absence de standardisation, le choix initial pour un système spécifique et un fournisseur particulier tend en conséquence à limiter le champ des possibilités futures – c'est-à-dire, en particulier, l'opportunité pour un opérateur de choisir un autre fournisseur. Ce type de contraintes contribue à la création de relations exclusives avec un fournisseur de commutateurs. » (Phan et Sommer, 2000)[8]

III. Les coûts comparés de gouvernance

Nous avons donc vu qu'avec la spécificité des actifs, il peut apparaître moins coûteux de gérer la transaction par une structure de gouvernance hiérarchique plutôt que marchande. Cet argument peut se résumer à travers une analyse en termes de coûts comparés de gouvernance (Williamson, 1996, p. 66-70)[9].

A. Le principe de base de l'analyse des coûts de gouvernance

Soit une firme qui doit choisir de fabriquer elle-même ou d'acheter une certaine quantité d'un bien ou d'un service. Pour des raisons de simplification, on considère que les économies d'échelle ou de champ restent négligeables. En conséquence, les éléments clefs dans le choix vont porter sur le contrôle des coûts de production et sur la capacité à réaliser les adaptations dans le temps.

• L'importance du contrôle des coûts

Dans le système de marché, les agents économiques seront particulièrement attentifs au contrôle des coûts (parce que directement liés au partage des profits). En revanche, ils auront beaucoup de mal à s'adapter en cas d'investissements spécifiques du fait de la transformation fondamentale. Pour tout niveau de production X, on a donc

- H(X) le coût de gouvernance de la solution hiérarchique ;
- M(X) le coût de gouvernance de la solution marchande ;
- k, le degré de spécificité des actifs.

Lorsque la spécificité est nulle, les agents peuvent parfaitement et sans coût redéployer leurs actifs. Ici importe la maîtrise des coûts de production. On peut donc assumer :

$$M(0) > H(0)$$

8. Phan D., Sommer T. (2000), « Governance and Technological Change : Transaction Costs in Telco-Equipment Supplier Networks », in *Convergence in Communications and Beyond*, edited by E. Bohlin, K. Brodin, A. Lundgren and B. Thorngren, Elsevier Science, Amsterdam, 2000, p. 141-172.

9. Williamson O. (1996), *The Mechanisms of Governance*, The Free Press.

• Le rôle de la spécificité des actifs

Si les actifs sont entièrement spécifiques, le cas inverse s'applique :

$$M(100) < H(100)$$

Pour chaque niveau de spécificité k, se pose donc la question de savoir quelle est la structure de gouvernance la moins coûteuse. Posons ainsi la règle de décision suivante : les parties à la transaction choisiront la forme de gouvernance hiérarchique si $\Delta G < 0$, où $\Delta G = H(k) - M(k)$. Il existe un point d'inflexion k' au-delà duquel les parties prenantes passent au choix de l'intégration verticale.

Le graphique 3 suivant résume l'argument.

Graphique 3. Comparaison des coûts de gouvernance

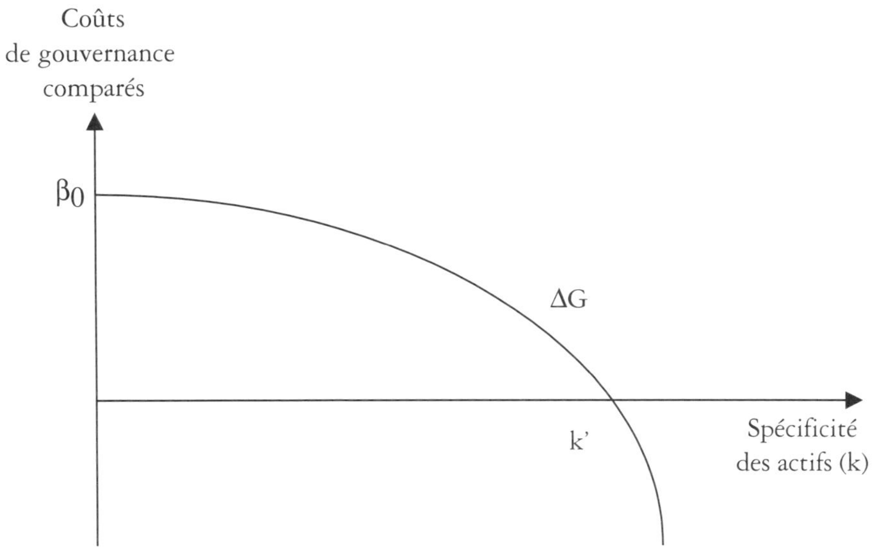

Les agents économiques choisiront donc le marché comme forme de gouvernance tant que k < k'. k' représente le point d'inflexion à partir duquel est prise la décision d'intégration.

B. La prise en compte des coûts de production

Sur la base de ce modèle très simple, considérons maintenant la prise en compte des coûts de production dans l'évaluation des coûts de gouvernance comparés. Étant donné la capacité des marchés à réaliser l'agrégation des demandes, on peut raisonnablement estimer que les coûts de production resteront plus faibles que dans une solution intégrée du fait de l'existence d'économies d'échelle et de champ. Ce différentiel tend cependant à s'amenuiser lorsque la spécificité des actifs augmente. On peut donc écrire que l'on a $\Delta C > = 0$, où ΔC représente le différentiel de coût de production entre la production en interne et l'achat sur le marché. On obtient donc cette fois la règle de décision suivante : on choisira la forme de gouvernance hiérarchique si $\Delta C + \Delta G < 0$. Le point d'inflexion cette fois se situe en k'' (graphique 4).

Graphique 4. Coûts de gouvernance comparés en fonction des coûts de production

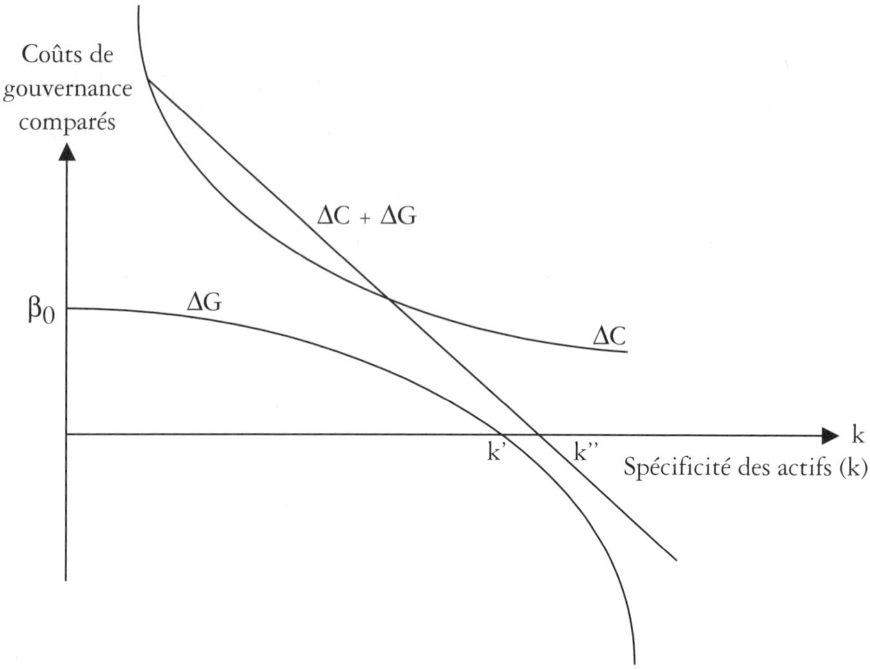

C. Les coûts bureaucratiques des organisations

Dans l'évaluation comparative des coûts de gouvernance, le différentiel ΔG indique l'écart entre le coût du recours à la solution de marché et celui du recours à la solution hiérarchique. Dans le chapitre précédent, les coûts de transaction, propres à la solution de marché, ont été détaillés, dans la mesure où ils fondent le raisonnement en termes de gouvernance. Il importe cependant ici de préciser quels peuvent être les coûts propres à la solution hiérarchique – communément appelés « coûts bureaucratiques » [10]. De la même façon que les coûts de transaction pouvaient être distingués en deux grandes catégories, il est également possible de séparer coûts de mesure et coûts de coordination. Par ailleurs, certains se manifestent plus particulièrement *ex ante*, d'autres *ex post*.

• Les coûts de mesure dans les organisations

Les organisations peuvent également connaître des difficultés dans l'évaluation de la valeur d'un bien ou de la performance des agents. La collectivisation sous

10. Williamson O. (1994), *Les Institutions de l'économie*, chapitre 6, InterÉditions.

une même propriété tend en effet à introduire un écart entre les efforts et les actions des agents et leur rétribution individuelle. Cet écart est susceptible de se traduire sous forme de distorsions dans l'allocation des ressources disponibles et donc d'inefficience. En conséquence, les agents économiques dans les organisations doivent également assumer des coûts de structuration importants pour limiter et corriger ces dysfonctionnements (voir chapitre 4). Par ailleurs, là aussi il existe toujours des erreurs de mesure dont le coût de correction pourrait être excessif par rapport au bénéfice espéré.

Les coûts de mesure dans l'organisation peuvent être décomposés en deux grandes sous-catégories :

a) *Les coûts d'évaluation de la productivité individuelle.* Dans une même organisation, la collectivisation du travail implique la mise en place de règles d'équité entre les agents. *A priori*, avant toute réalisation, pour une même fonction, deux agents peuvent espérer un traitement équivalent. Or, dans un système collectif de profits joints, il apparaît difficile de fixer la contribution de chacun à la productivité de l'ensemble. Ce problème tend à induire une situation à l'envers du cas du « marché des rossignols ». En effet, il pourrait sembler logique de considérer que, dans une telle situation, les agents soient rémunérés selon le niveau moyen de productivité. Or, si tel est le cas, un tel système de retour tend à favoriser les moins productifs (parce que rémunérés au-dessus de leur productivité marginale) au détriment des plus productifs (pour la raison exactement inverse). S'ensuit alors un risque de départ des « bons » éléments, et donc une baisse du niveau moyen de productivité, voire à terme une disparition de l'organisation en cas de sélection. Ce mécanisme tend à générer un principe de surrémunération, dans la mesure où la tarification individuelle se fixera sur le niveau des plus productifs, afin de les conserver dans l'organisation.

b) *Les « coûts d'influence »*[11]. Ce terme désigne l'ensemble des coûts liés à des pertes d'efficience au niveau des choix d'allocations de ressources. Ces décisions sont prises dans l'organisation à travers un processus de planification et de contrôle budgétaire. Ce système est efficace dans la mesure où l'information circule correctement dans l'organisation et permet d'évaluer et de trouver la meilleure allocation possible des ressources. Ce mécanisme explique pourquoi, dans de nombreuses situations, l'organisation est plus efficace que le marché. Mais il existe également des risques de dysfonctionnement dans le développement de ces processus lorsque les agents peuvent détourner l'information à leur profit. Tout cela peut se voir par des fausses prévisions, des omissions, des développements d'investissements peu utiles à l'entreprise, du lobbying, etc., bref, tout un ensemble d'efforts et de décisions qui manifestent des comportements opportunistes *ex post* et qui s'écartent de la recherche d'une allocation optimale des ressources.

---

11. Milgrom P. and J. Roberts (1992), « Organizational Prospects, Influence Costs, and Ownership Changes », *Journal of Economics & Management Strategy*, 1(1), p. 9-35.

• Les coûts de coordination des organisations

Si la raison d'être des organisations est bien de permettre en grande partie des opérations de coordination que les agents sont incapables de réaliser sur un marché, les coûts de coordination des organisations n'en sont pas pour autant négligeables, voire peuvent connaître des rendements décroissants lorsque leur déploiement excède les bénéfices attendus. Ces coûts peuvent se décomposer en quatre sous-catégories[12] :

c) *Les coûts de définition d'un mécanisme organisationnel.* La définition et la mise en place de mécanismes organisationnels représentent d'importants coûts à assumer. Les processus internes doivent être décrits et expliqués aux agents concernés, ainsi que les canaux de communication et les règles décisionnelles. Ces différentes modalités permettront aux agents d'inscrire leur action individuelle dans le cadre collectif et de connaître leurs modes de coordination. Mais un excès en quantité de règles et de processus, une mauvaise définition en qualité des mécanismes d'interaction entre les agents peuvent engendrer des coûts organisationnels substantiels et générer des rendements décroissants.

d) *Les coûts liés aux problèmes d'incitants individuels.* Le passage dans l'organisation à une gestion collective des actifs introduit une écart plus grand entre effort de chacun et rémunération individuelle de cet effort. Cela tend à se traduire par un « relâchement » vis-à-vis du principe de maximisation – qui suppose une évaluation individuelle des coûts et des bénéfices. En ce sens, les agents dans l'organisation auront des incitants à l'effort plus faibles que sur un marché à s'ajuster avec les autres parties au plus efficient. Dans une certaine mesure, il est possible de définir des structures incitatives au sein de l'organisation pour compenser ce déficit d'incitants, mais cela ne peut se réaliser qu'en assumant des coûts de conception supplémentaires (voir chapitre 5).

e) *Les coûts de management de l'organisation.* La conception initiale et la mise en place des mécanismes organisationnels se doivent également d'être accompagnées, suivies et adaptées en cours de réalisation des transactions. La solution organisationnelle implique donc également des coûts de management conséquents pour assurer la coordination entre les agents.

f) *Les coûts concernant la question de la « clémence » dans les organisations.* Le concept de « clémence » désigne la propension de l'organisation à tolérer les erreurs et les dysfonctionnements de ses agents ou, au moins, à ne pas trancher toute question par la seule règle de la maximisation. L'organisation doit en effet également intégrer des considérations d'équité, sans lesquelles les décisions seront difficilement acceptées. Comme l'écrit Oliver Williamson, « alors que les résultats extrêmes du marché peuvent être acceptés comme une question de chance, les actions administratives sont interprétées par toutes les parties affectées [...] comme des choix d'après le mérite. Cela implique pour l'organisation interne

12. Williamson O. (1994), *Les Institutions de l'économie*, InterÉditions ; Furubotn E. et Richter R. (2000), *Institutions and Economic Theory*, Michigan Press.

une lourde charge en procédure équitable. Un cas plausible ne suffit pas. La prépondérance des preuves est nécessaire si de sévères pénalités doivent être infligées. »[13]

Les deux premiers types de coûts de coordination émergent de façon *ex ante* dans la mesure où ils précèdent la mise en place de la transaction. Les deux suivants, en revanche, sont *ex post* car liés à la réalisation de la transaction. L'ensemble de ces coûts bureaucratiques est présenté dans le tableau 1. Dans le choix d'un mode organisationnel, ces coûts doivent être évalués comparativement en regard des coûts de transaction développés par une solution de marché.

Tableau 1. Classification des coûts bureaucratiques

	Coûts *ex ante*	Coûts *ex post*
Coûts de mesure	Coûts d'évaluation de la productivité individuelle (a)	Coûts d'influence (b)
Coûts de coordination	Coûts de définition d'un mécanisme organisationnel (c) Coûts liés au manque d'incitants (d)	Coûts de management de l'organisation (e) Coûts de clémence (f)

Comme nous venons de le voir dans ce chapitre, la distribution des transactions entre structures de marché et organisation ne relève pas d'une distribution aléatoire. Elle n'échappe pas non plus à un calcul économique, selon lequel la structure de gouvernance sera choisie selon le principe de minimisation des coûts de transaction. Ce principe inclut, dans le raisonnement, la prise en compte des possibles économies d'échelle et de manière comparative celle des coûts bureaucratiques.

Le choix du mode de gouvernance est donc intimement lié à la nature de la transaction qu'il encadre. La question de la spécificité des actifs est en particulier critique. Elle représente le vecteur clef d'arbitrage entre solution interne (l'organisation) et solution externe (le marché) dans la recherche du mode le plus efficient.

13. Williamson O. (1994), *Les Institutions de l'économie*, InterÉditions, p. 185.

Chapitre 3

Le développement de l'organisation

Dans le chapitre précédent consacré à l'analyse individuelle de la gouvernance des transactions, il apparaissait que l'organisation permettait de traiter d'importants problèmes de coordination liés à l'existence d'actifs spécifiques et d'incertitude dans l'activité économique. Toujours dans cette même logique, il importe maintenant de voir par quels mécanismes une organisation agrège des ensembles complexes et variés de transactions. Cette fois-ci, il ne s'agit pas à proprement parler de se demander « pour une transaction x, quelle est la structure de gouvernance β la plus efficiente que les parties ont intérêt à mettre en place ? », mais plutôt « pour un ensemble de transactions Z, quel est le mode d'organisation Φ le plus efficient pour les gérer ? ». Par là même, nous envisagerons le mode de gouvernance de manière dynamique, comme une sorte de catalyseur transactionnel.

L'observation historique du développement des formes organisationnelles montre une remarquable expansion du modèle hiérarchique de la firme. Alfred Chandler, dans son ouvrage sur le développement du capitalisme aux États-Unis, souligne ainsi : « L'entreprise moderne se substitue aux mécanismes du marché en ce qui concerne la coordination des activités économiques et l'allocation des ressources. Dans de nombreux secteurs d'activité, la main visible des gestionnaires a remplacé ce qu'Adam Smith appelait "la main invisible" des forces du marché[1]. »

1. Chandler A. (1988), *La Main visible des managers*, Economica, Paris.

En ce sens, ce chapitre est consacré à l'explication de l'expansion de la forme organisationnelle hiérarchique. Celle-ci se manifeste à travers un certain nombre de dynamiques, que nous passerons successivement en revue :
– la réalisation d'économies d'échelle et de champ ;
– les processus d'intégration verticale ;
– et enfin les processus de diversification.

Pour analyser ces différents points, nous poursuivrons la logique adoptée dans les chapitres précédents. En nous référant comme alternative à la logique marchande (« le marché »), nous analyserons pourquoi les organisations peuvent augmenter leur périmètre d'activité et croître.

I. Les effets de la fonction de production

L'augmentation de la taille d'une organisation est d'abord liée de manière quasi mécanique à la capacité de réduire les coûts liés à la production des biens ou des services. Nous revenons ici tout d'abord sur le phénomène bien connu par ailleurs des économies d'échelle et de champ, avant de préciser les effets d'apprentissage.

A. Les économies d'échelle et de champ

• Définitions

Les **économies d'échelle** s'exercent dans un processus de production tant que le coût moyen (CM) est une fonction décroissante de la production. À l'inverse, si le coût moyen est une fonction croissante de la production, nous sommes dans une situation de déséconomies d'échelle (graphique 1).

Graphique 1. Les économies d'échelle

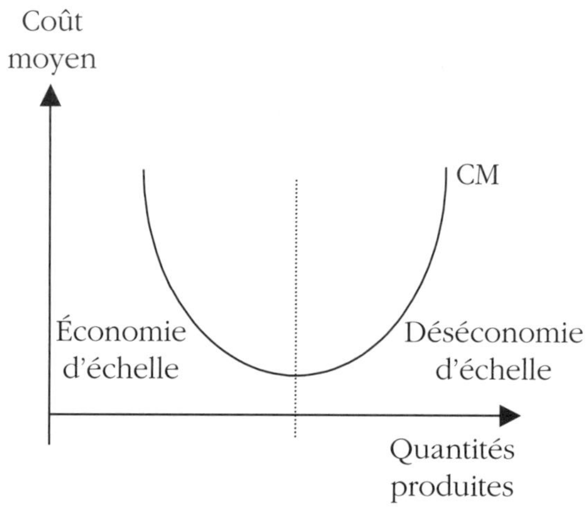

On retrouve ici les caractéristiques classiquement attachées à une fonction de production.

Pour une fonction de production homogène Q = f(K, L), où la production (Q) dépend des *inputs* en capital (K) et travail (L), nous avons un rendement d'échelle croissant dans la mesure où un accroissement simultané de tous les *inputs* produit une augmentation plus que proportionnelle de l'*output*.

Autrement dit, on a : $a^k Q = f(aK, aL)$, avec $k > 1$.

Le graphique 2 montre la forme typique de la courbe de coûts à moyen terme dans de nombreuses industries. De multiples travaux empiriques ont montré en effet qu'à partir d'un certain volume de production, les coûts moyens restaient relativement inchangés. Il apparaît également que les phénomènes de déséconomies d'échelle demeurent concrètement limités. Cela peut se comprendre par le fait qu'en cas de déséconomies d'échelle, une organisation opérera assez rapidement une correction en baissant son volume de production.

De la forme de cette courbe, on peut déduire un seuil minimal d'efficience, qui détermine le nombre maximal de producteurs dans l'industrie et leur taille moyenne. Par exemple, si [OX] correspond à une production de 1 000 unités et que le marché total représente 5 000 unités, le nombre maximal de producteurs sera de 5. Une firme n'ayant pas la capacité de produire cette quantité minimale de 1 000 unités aurait des coûts de production trop élevés pour survivre dans l'industrie.

Graphique 2. Seuil d'efficience et taille minimale de l'organisation sur base des économies d'échelle

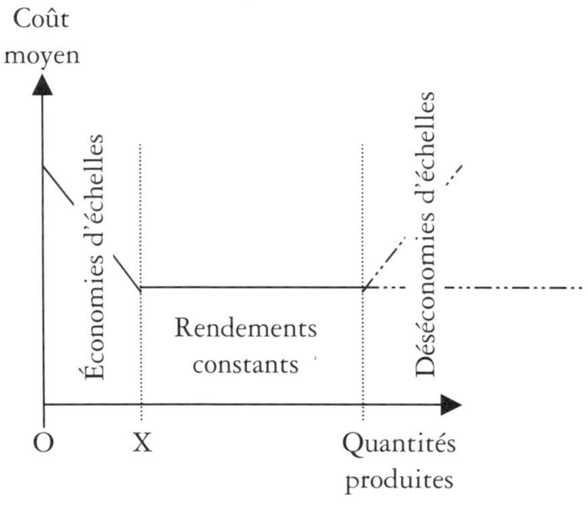

Les **économies de champ** répondent à la même logique que les économies d'échelle, mais reposent sur la variété et non sur le volume de la production. Il y a économie de champ quand une firme économise sur le coût moyen (CM) lorsqu'elle augmente la variété de ses biens et de ses services. Soit pour deux biens X_1 et X_2,

$$CM (X_1, X_2) < CM (X_1) + CM (X_2)$$

En d'autres termes, il est alors moins coûteux de fabriquer et/ou de distribuer deux produits conjointement que séparément.

Encadré 1
Les économies de champ et le succès de la grande distribution

Par rapport au commerce de détail, la grande distribution dispose de nombreux avantages en termes d'économies de champ. Sur une surface réduite, elle offre au consommateur une multitude de produits dans des domaines aussi variés que l'alimentation, l'habillement, la droguerie ou l'électroménager, entre autres. Cette proximité des différents produits permet au consommateur de s'approvisionner en un temps beaucoup plus limité que dans le système traditionnel, où il faut passer d'un magasin à un autre. Le succès de la formule ne s'est d'ailleurs pas fait attendre... ce qui a permis aux grandes surfaces de réaliser également des économies d'échelle sur les volumes d'approvisionnement.

• Les sources de ces économies

Un certain nombre de facteurs explicatifs, qui tiennent à la nature des actifs requis pour les transactions, expliquent pourquoi l'organisation peut faciliter la coordination nécessaire à la réalisation de ces économies d'échelle et de champ.

L'existence d'indivisibilités dans les coûts fixes

Si on se focalise essentiellement sur le court et le moyen terme, le phénomène d'économie d'échelle apparaît arithmétiquement à travers la présence de coûts fixes dans le coût total.

En rappel :

CT = CF + CV, où CT désigne les coûts totaux, CF les coûts fixes et CV les coûts variables.

Donc, CM = [CF + CV] / Q, où CM désigne les coûts moyens et Q la quantité produite.

Le coût fixe diminuant proportionnellement avec le volume produit, le coût moyen suit donc une fonction décroissante – en considérant ici l'hypothèse simplificatrice que les coûts variables augmentent dans la même proportion que la production (et donc que CV / Q est constant).

Par-delà cet aspect de simple arithmétique comptable, c'est l'existence d'indivisibilités dans le processus de production qui explique cette notion de coût fixe. De nombreux secteurs requièrent ainsi de réaliser de lourds investissements avant de produire la première unité. Il y aura dans cette situation de fortes incitations économiques pour récupérer sur les unités suivantes les investissements réalisés pour la première, ce qui va donner un avantage à la taille des organisations.

L'existence de la spécificité des actifs

Un autre facteur vient renforcer l'importance de la taille de l'organisation en présence de coûts fixes. Comme cela a été souligné au chapitre précédent, une proportion des actifs fixes peut être spécifique. Autrement dit, ceux-ci perdraient une part substantielle de leur valeur en cas de reconversion. La spécificité des coûts fixes accentue ainsi les bénéfices comparés de l'organisation pour coordonner ces actifs.

Encadré 2
Le cas particulier des dépenses de recherche et développement et de marketing dans la structure de coût des organisations

Les dépenses en publicité et en recherche-développement ont en commun d'être des investissements en quasi-totalité irréversibles. L'argent placé dans un programme de recherche ou dans une campagne de spots publicitaires est perdu à jamais.

Les industries qui reposent largement sur ces budgets connaissent donc ainsi de forts effets de concentration. Tel est ainsi le cas de domaines comme l'aéronautique ou la pharmacie pour la R&D, l'agroalimentaire ou l'électroménager pour la publicité. De même, une industrie comme l'automobile mobilise assurément d'énormes budgets à la fois de recherche et de publicité.

B. Les économies d'apprentissage

Outre les économies d'échelle et de champ, il importe de mentionner un important phénomène lié directement au volume de production et à l'accumulation de l'expérience au travail dans l'organisation.

• Définition

Les économies d'apprentissage traduisent le fait que la pratique d'un métier dans le temps et le développement de l'expérience améliorent la productivité des facteurs de production et permettent une réduction des coûts moyens. Cette notion trouve son origine dans une approche empirique développée par le Boston Consulting Group dans les années 1970 sous le terme de *loi d'expérience* (graphique 3). La loi d'expérience stipule que le coût unitaire de la valeur ajoutée d'un produit homogène, mesuré en unités monétaires constantes, diminue d'un pourcentage fixe et prévisible à chaque doublement de la production cumulée.

Graphique 3. Effet d'apprentissage et loi d'expérience

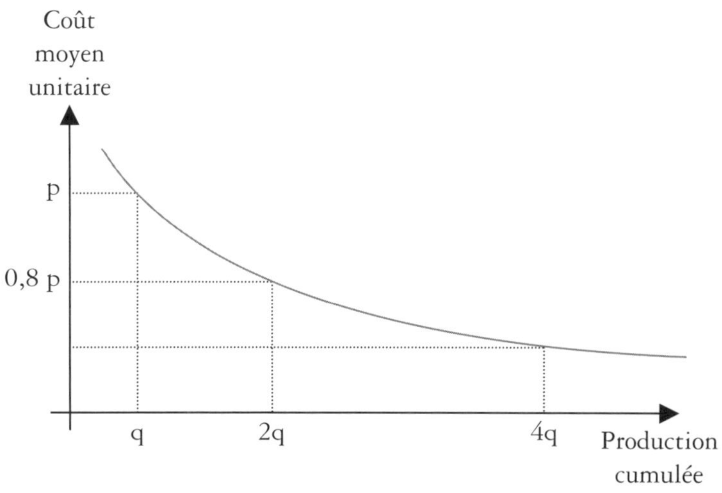

La valeur médiane, mesurée sur de nombreux secteurs, a été évaluée à 0,8. Ainsi, chaque fois que la production cumulée double, on constate que le coût unitaire est réduit de 20 %, ce qui correspond à une élasticité de 0,33 en valeur absolue. Formellement, la courbe d'apprentissage s'écrit de la manière suivante :

$$CM = \beta.Q^y$$

où CM désigne le coût de production unitaire, Q le volume cumulé de production et y un coefficient d'élasticité lié à ce phénomène d'apprentissage (situé entre les valeurs – 1 et 0).

• Les caractéristiques propres de l'effet d'apprentissage

Bien que les notions d'effet d'expérience et d'économies d'échelle présentent d'apparentes proximités, il serait erroné de les croire semblables. Elles se distinguent sur de nombreux points, en particulier sur les trois suivants.

La différence de nature des actifs mobilisés

La réalisation d'économies d'échelle s'appuie essentiellement sur des investissements physiques catégorisés parmi les coûts fixes. Dans les effets d'apprentissage, les actifs mobilisés sont en revanche humains ou organisationnels et par là même principalement de nature intangible.

Le rapport de la production au temps

Les économies d'échelle représentent une approche qui repose essentiellement sur la division comptable des coûts fixes. L'accent est mis sur le flux productif : il s'agit sur une période donnée de produire le plus grand volume d'*outputs*. Par contraste, les économies d'apprentissage reposent sur un processus d'accumulation des connaissances et des savoir-faire depuis le début de l'activité productrice. Ce qui compte donc ici, c'est l'accumulation des heures de travail depuis l'origine de la production. On en déduit deux conclusions principales :

– à la différence des économies d'échelle, les économies d'apprentissage ne sont pas liées à une fonction de production particulière mais à l'existence de la firme comme organisation. Cela signifie que l'amélioration de la productivité implique une dimension organisationnelle qui n'est pas présente dans les économies d'échelle. Économies d'apprentissage et développement des organisations évoluent donc de conserve ;

– les deux notions possèdent ainsi un rapport au temps d'une nature différente. Les économies d'échelle mettent l'accent sur la vitesse, les économies d'apprentissage sur la durée.

L'indépendance fonctionnelle des économies d'échelle et d'apprentissage

Chacun de ces deux phénomènes – économies d'échelle et économies d'apprentissage – peut parfaitement se développer indépendamment. Dans certaines industries particulièrement intensives en capital, les économies d'échelle prédominent. Dans d'autres, notamment dans les services, les facteurs d'économies d'échelle restent très limités. En revanche, les phénomènes d'apprentissage jouent un rôle essentiel.

Lorsque les deux phénomènes coexistent, ils ne sont pas pour autant associés. L'exemple graphique suivant permet d'illustrer l'argument (graphiques 4). Le premier graphique (a) présente une courbe d'apprentissage traditionnelle, le coût moyen unitaire étant une fonction de la production cumulée. On suppose, en revanche, que l'entreprise réalise déjà un volume important de production et qu'elle se situe au-delà du seuil d'efficience. Autrement dit, de ce point de vue, elle possède une courbe de coût moyen horizontale (exprimée en production annuelle), comme le montre le second graphique. On voit ainsi que, même en l'absence d'économie d'échelle, l'accumulation de la production entre Q_1 et Q_2 – soit le développement des savoir-faire et de l'expérience – permet de réduire les coûts unitaires de production (b).

Graphiques 4. Réduction des coûts unitaires en présence d'économies d'apprentissage et sans économies d'échelle

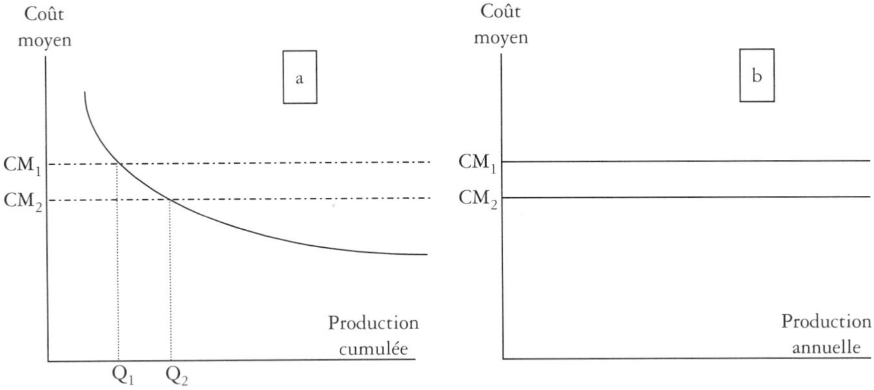

• Les sources de l'effet d'apprentissage

À la différence du cas des économies d'échelle, les phénomènes à la source des économies d'apprentissage sont beaucoup plus difficiles à saisir, parce qu'intangibles et directement liés aux facteurs humains individuels et collectifs. Ils tiennent à la nature des connaissances qui sont mobilisées dans l'acte productif.

Les connaissances représentent un ensemble structuré, complexe et signifiant d'informations. Elles n'existent pas en soi comme un objet isolé, mais s'inscrivent dans un corps social et évoluent avec lui dans le temps. Il s'agit d'un phénomène essentiellement dynamique. Les connaissances peuvent être différenciées selon deux grands axes :

– certaines connaissances sont partagées entre un grand nombre d'individus (une communauté) et ont donc un caractère général (par exemple, un prix ou un panneau d'interdiction). D'autres dépendent d'un lieu, d'un événement ou d'un domaine d'activité particulier. Elles sont alors dites spécifiques ;

– certaines connaissances peuvent être facilement traduites et objectivées dans un certain langage – comme les mathématiques ou la logique formelle. Elles sont alors dites explicites ou codifiées. D'autres ne sont ou ne peuvent être qu'imparfaitement codifiées ou formalisées. Elles sont, par contraste, dites tacites (tableau 1).

Tableau 1. Quelques exemples de connaissances selon leurs caractéristiques intrinsèques dans le champ économique

Connaissances	Générales	Spécifiques
Explicites	Prix	Spécifications techniques
Tacites	Réputation	Savoir-faire

Les agents économiques peuvent se coordonner de manière aisée entre eux lorsque les connaissances sont explicites et générales. En revanche, plus elles tendent à être spécifiques et tacites, plus les coûts de coordination deviennent élevés.

Dans un cadre de rationalité limitée, la création et le développement de ces connaissances inhérentes à l'activité économique requièrent la mise en place de supports organisationnels[2]. L'organisation hiérarchique de la firme développe un environnement psychologique adapté au traitement et à la gestion de ces connaissances. Cet environnement, en guidant l'action des individus et en fournissant un cadre stable pour leurs anticipations, favorise la construction d'une mémoire et de savoirs collectifs qui resteraient dispersés dans des relations purement interindividuelles. L'organisation favorise ainsi dans le temps le développement de processus d'apprentissage collectifs.

II. L'intégration verticale

L'augmentation de la taille d'une organisation peut également venir de ce que les agents économiques décident de gérer sous une même propriété les différentes étapes du processus économique de transformation. On parle ici d'intégration verticale, ce qui correspond à un déplacement de la frontière entre organisation et marché dans lequel un certain nombre de transactions réalisées dans une même filière entrent dans le périmètre d'une gestion coordonnée. À l'inverse, le passage de transactions de l'organisation vers le marché sera plutôt qualifié de désintégration.

2. Cyert R.M. et March J.G., *Contributions to a Behavioral Theory of the Firm*, Prentice-Hall, 1963.

Encadré 3
Évolutions de la frontière entre marchés et organisations.
Quelques points de vocabulaire

Si le terme « intégration verticale » est le plus utilisé dans la littérature économique, il s'agit d'un terme générique qui désigne de nombreuses opérations dans le monde des affaires et qui sont relatées dans la presse. Ainsi les fusions (c'est-à-dire la mise en commun des actifs de deux entreprises au moins) comme les acquisitions (intégration d'une entreprise « cible » dans le périmètre d'une entreprise acheteuse) s'apparentent pour l'essentiel à des opérations d'intégration verticale. La « croissance externe » – c'est-à-dire, encore, la croissance d'une entreprise par l'achat d'autres entreprises – répond de la même logique.

Par ailleurs, on parlera peu de « désintégration », qui peut avoir une connotation négative, pour utiliser plutôt les termes d'externalisation (qui désigne la sortie d'une activité dans une entreprise) ou d'*outsourcing* (l'équivalent, en anglais). La sous-traitance, sur le fond, appartient à la même famille. Également, une scission d'entreprise (passage d'une entité à deux ou plus) correspond à une désintégration. Certains parleront ici de « vente par appartements », mais il s'agit déjà d'un vocabulaire beaucoup plus familier !

Différentes raisons peuvent expliquer l'intégration verticale. Certaines s'appuient sur l'idée que cette intégration découle « naturellement » de l'organisation industrielle et de ses contraintes. Mais l'argument généralement retenu comme le plus pertinent, aujourd'hui, est celui du risque de « hold-up ». Ce risque, générateur de coûts de transaction, explique pourquoi la gestion coordonnée peut être plus efficace que celle par l'échange. Cet argument s'inscrit directement dans la suite du raisonnement développé au chapitre précédent.

A. Les explications souvent avancées et leurs limites

• L'explication technologique

Une explication souvent avancée pour expliquer l'intégration verticale est de considérer que les contraintes liées à la production conditionnent les choix d'organisation économique. À son époque, Adam Smith (1723-1790) avait analysé le cas d'une fabrique d'épingles et montré que la fabrication d'une épingle y était divisée en dix-huit opérations différentes. Il en déduisait que la spécialisation, en divisant les tâches en unités élémentaires, permettait d'obtenir des gains de productivité substantiels. Cette explication technologique repose sur le principe bien connu de la **division du travail**. Elle explique certes la proximité des éléments de production et les liens dans la distribution des tâches entre les individus mais ne dit rien en revanche sur l'organisation du travail ni sur la répartition des droits de propriété. Plusieurs solutions organisationnelles sont en effet possibles pour une même technologie : par exemple, dans la fabrique d'épingles, les travailleurs pouvaient être des indépendants qui vendaient à la pièce leur travail aux propriétaires des équipements ; mais les travailleurs pouvaient également être des salariés. À l'opposé, la proximité géographique seule n'est que peu explicative : par exemple, certaines firmes américaines intégrées sont dispersées sur le territoire américain (notamment, Boeing ou General Motors) alors que, au Japon, il existe une grande proximité géographique entre les grandes entreprises et leurs réseaux de sous-traitants. L'argument technologique ne permet donc en soi que rarement de justifier seul la décision d'intégration verticale.

• La « double marginalisation »

Un autre argument fréquemment soulevé concerne le cas de la « double marginalisation ». Si nous nous plaçons dans un cas extrême où l'économie serait représentée par une série de monopoles, nous trouverions alors une série d'équilibres avec des rentes de monopole, ce qui impliquerait d'énormes pertes en termes de bien-être collectif. L'intégration verticale dans ce cas permet d'améliorer la performance du système en supprimant ces rentes sur les étapes intermédiaires.

Encadré 4
Le principe de la « double marginalisation »

Soit une firme P qui vend ses produits à une firme D. Considérons par exemple que la première est un producteur et la seconde un distributeur. Le distributeur sert lui-même une demande D(p). Pour des raisons de simplification, supposons que la quantité produite et celle distribuée sont équivalentes et que l'activité de distribution n'engendre pas de coûts supplémentaires. Simplifions, enfin, en considérant que le coût marginal de production est constant.

Soit p_1 le prix pratiqué par la firme P, p_2 le prix de la firme D. D cherchera à maximiser son profit, i.e. $(p_2 - p_1)D(p)$. Mais, bien évidemment, la firme P se comportera de la même manière et maximisera $(p_1 - c)D'(p)$. En ce sens, le coût marginal du distributeur est le prix du producteur.

C'est ce que l'on appelle le phénomène de double marginalisation qu'illustre le graphique 5.

Au prix de monopole que pratique la firme P correspond le prix de monopole de D. Et si d'autres étapes se suivent ainsi en cascade, les quantités vont continuer à diminuer et les prix à augmenter !

Graphique 5
Le principe de la double marginalisation

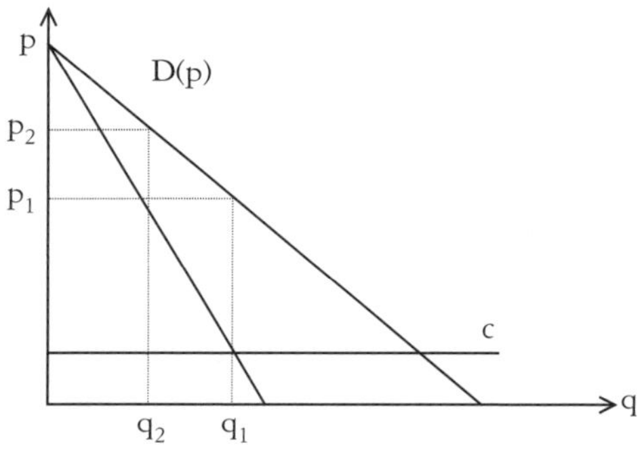

Cette explication reste cependant d'un intérêt limité pour justifier le choix du mode d'organisation pour au moins deux raisons.

– D'une part, il est tout à fait possible, de façon contractuelle, de réduire les rentes de monopole, à travers un système de « contraintes verticales ».

– D'autre part, en situation d'intégration verticale, rien ne dit que les agents économiques ne vont pas continuer à adopter les mêmes comportements de recherche de rentes au profit d'unités internes à l'organisation et au détriment d'autres unités de la même organisation. Le développement, dans les grandes entreprises, de « prix de transfert » entre divisions a ainsi pour objectif de simuler un marché interne afin, notamment, de limiter l'émergence de ces rentes.

Au total, ces arguments traditionnels, s'ils éclairent certains facteurs qui peuvent motiver les décisions d'intégration verticale, ne permettent toutefois pas d'expliquer réellement pourquoi les agents économiques choisissent un mode d'organisation plutôt qu'un autre.

B. Le risque de hold-up

Un argument important pour expliquer l'intégration verticale est celui de la « spécificité » des actifs. Le fait que les actifs supportant une transaction soient spécifiques représente une importante source de conflits et de coûts de transaction entre les parties prenantes, comme cela a été développé au chapitre précédent. Le problème du « hold-up » permet de mettre nettement en évidence cette situation.

• La notion de quasi-rente

Le phénomène de « transformation fondamentale » des conditions de la transaction dans le temps implique des conséquences importantes sur les conditions de marchandage entre les parties. Pour comprendre cela, il importe de bien saisir la différence entre les concepts de rente et de « quasi-rente ». L'existence de quasi-rentes provient des coûts d'entrée qui ne sont pas récupérables en cas de sortie du marché du fait de la présence d'actifs spécifiques. À titre illustratif, partons d'une décision d'investissement et de son évaluation économique.

– La *rente* (R) représente la proportion des gains qui excède le minimum que l'entreprise est prête à accepter pour s'engager dans une activité (décision d'entrer). On a donc :

$R = (p' - p)q$ où p' = prix minimum d'entrée ; p = prix appliqué ; q = quantité vendue. Ce prix minimum d'entrée correspond au coût moyen total.

– La *quasi-rente* (QR) représente en revanche la proportion des gains qui excède le montant minimum en dessous duquel une entreprise se retirerait de l'activité (décision de cesser). On a donc :

$QR = (p - p'')\,q$ où p'' = prix minimum de maintien dans l'activité ; p = prix appliqué ; q = quantité vendue. Ce prix minimum d'entrée correspond cette fois au coût moyen variable.

– On en déduit bien logiquement que le prix d'entrée est toujours égal ou supérieur au prix de sortie : p' ⩾ p''. Par là même, on peut affirmer que : QR ⩾ R. La quasi-rente est toujours supérieure ou égale au montant de la rente.

Dans l'évaluation économique d'une transaction, il existe donc deux seuils critiques : p', qui détermine le prix d'entrée ; p'', qui détermine le prix de sortie. L'écart entre ces deux prix constitue une zone conflictuelle entre les parties prenantes à la transaction. De fait, tant que le prix se situe au-dessus de p'', la partie ayant réalisé les investissements spécifiques aura toujours intérêt à maintenir l'activité. Or on sait que le prix de départ a été fixé à un niveau égal ou supérieur à p' (sans quoi l'offreur ne serait pas entré dans la transaction). Il existe donc un risque important de renégociation des accords de l'échange par rapport aux conditions initiales. Il existe ainsi, entre le prix pour entrer et le prix pour sortir, une zone de négociation, source potentielle de conflits *ex post*. C'est cette zone qui est la source du risque de « hold-up », c'est-à-dire d'expropriation de la rente d'une partie au détriment de l'autre.

• Un exemple d'évaluation de la quasi-rente

Un petit exemple chiffré permet de bien saisir cette problématique. Imaginons donc le cas d'une entreprise de carrosserie qui fabrique des portières en sous-traitance pour un constructeur automobile. Dans le cadre du lancement d'un nouveau modèle, le constructeur demande à son sous-traitant d'investir dans une nouvelle chaîne de production afin de fournir un type particulier de portières.

– **Les données de départ sont les suivantes** : à l'issue des prévisions de ventes, le constructeur planifie une production de 25 000 voitures par an, ce qui implique un besoin annuel de 100 000 portières (sur la base de 4 portières par voiture). Afin de répondre à cette demande, le sous-traitant doit contracter un prêt auprès des banques qui lui coûte 500 000 euros. Quoi qu'il arrive ultérieurement, même en cas de cessation d'activité, le sous-traitant devra honorer ses dettes : il s'agit donc d'un coût irréversible. Enfin, le sous-traitant estime que la production d'une portière représente un coût variable moyen de 30 euros.

– Par ailleurs, dans l'hypothèse où la transaction s'interromprait avec le constructeur, le sous-traitant sait qu'il existe des sociétés qui récupèrent les portières et les transforment pour les adapter sur d'autres modèles. Bien évidemment, dans ces conditions, le **prix de récupération** (p_r) est relativement bas, mais il permet au moins de recouvrer les coûts variables.

– Dans ces conditions, on peut déterminer le **prix d'entrée** pour le sous-traitant.

$RT = CT \qquad RT = p^*.q \qquad CT = c.q + F$

$p^*.q = c.q + F \qquad p^* = c + F/q$, où

RT désigne la recette totale, CT le coût total, q la quantité produite, F le coût fixe, c le coût variable moyen et p* le prix d'entrée.

Soit, avec nos données chiffrées : p* = 35 euros/unité

– Le sous-traitant acceptera donc de produire les 100 000 portières si le constructeur lui assure un prix p supérieur ou égal à 35 euros. Le niveau de sa **rente** sera déterminé par le différentiel qu'il négociera entre le prix fixé et le prix d'entrée.

$$R = (p - p^*).q$$

Supposons que le prix soit fixé à 40 euros par unité, alors la rente s'élèvera à : R = 500 000 euros.

– Il est également possible d'estimer la **quasi-rente** pour le sous-traitant. La quasi-rente (QR) est ici la différence entre le profit que le sous-traitant réalise en vendant au constructeur et le profit qu'il réaliserait en vendant à la « seconde meilleure solution » que représentent les récupérateurs.

$$QR = [(p - c).q - F] - [(p_r - c).q - F], \text{ soit } QR = (p - p_r).q$$

En admettant que le prix de récupération soit de 32 euros, on a : QR = 800 000 euros.

Logiquement, on vérifie au passage que la quasi-rente est bien supérieure à la rente.

– Enfin, on estime la **part de spécificité de l'investissement** du sous-traitant. Celle-ci correspond à la part de revenu perdu en cas de redéploiement. Elle est donc fixée ici par rapport à l'option des récupérateurs. On opère de la façon suivante :

$$Sp = F - [(p_r - c).q] \text{ soit avec notre exemple chiffré } Sp = 300\ 000 \text{ euros.}$$

Autrement dit, 60 % de la valeur de l'investissement réalisé par le sous-traitant est spécifique à la transaction qui le lie avec le constructeur.

– Voyons maintenant comment peut se poser la **question du hold-up** dans la relation commerciale qui lie le constructeur automobile à son sous-traitant.

Sur la base des calculs précédents, le sous-traitant et le constructeur se sont mis d'accord sur une production de 100 000 portières, avec un prix unitaire de 40 euros. L'investissement est réalisé en fonction. Or, au moment même où la production de la première portière débute, le constructeur, à la surprise du sous-traitant, revient sur les conditions initiales. Prenant prétexte d'une mauvaise estimation des coûts réels lors de la négociation initiale qui l'a conduit à surestimer ceux-ci, il déclare qu'il ne paiera finalement pour chaque portière pas plus de 34 euros (p_n, nouveau prix).

Dans ces conditions, la rente pour le sous-traitant devient :

$$R = (p_n - p^*)\ q, \text{ soit } R = -\ 100\ 000 \text{ euros.}$$

Désormais, dans ce projet, le sous-traitant perd de l'argent. Cependant, sa quasi-rente se monte à :

$$QR = (p_n - p_r)\ q, \text{ soit } QR = 200\ 000 \text{ euros.}$$

Cela signifie que, pour un agent économique rationnel, il reste toujours préférable de continuer à produire pour le constructeur, même si celui-ci vient d'avoir l'indélicatesse de réaliser à son égard un véritable hold-up !

Encadré 5
De la fiction à la réalité, le cas Fisher Body

Les cas de hold up, dans la réalité, sont souvent difficiles à observer, notamment du fait de la confidentialité des informations commerciales. Un cas, souvent repris, est celui des relations entre Fisher Body et General Motors dans les années 1920[3]. Le cas peut se résumer ainsi :

1. En 1919, General Motors signe avec Fisher Body un contrat dans lequel le premier s'engage à acheter au second ses carrosseries.
2. Le prix de livraison est fixé sur le principe d'une estimation du coût auquel s'ajoute une marge négociée. General Motors, par ailleurs, est contractuellement garanti de ne pas payer plus que ses rivaux.
3. Au début des années 1920, la demande se révèle bien supérieure à ce que General Motors avait anticipé. De ce fait, General Motors manifeste sa volonté de renégocier le système de tarification. Celui-ci considère en effet que Fisher Body, grâce à des volumes de vente beaucoup plus importants, bénéficie d'économies d'échelle substantielles et s'estime en droit par conséquent d'obtenir des baisses de prix reflétant ces gains. General Motors presse également Fisher Body de s'installer à côté de ses propres usines d'assemblage afin de réaliser des économies de transport et de logistique.
4. Fisher Body, en revanche, s'oppose à ces demandes, défendant le principe que, pour répondre à cette demande croissante, il devait assumer des coûts d'ajustement conséquents. Fisher Body ne souhaite pas non plus s'installer à proximité de General Motors.
5. Afin d'arriver à ses fins, General Motors acquiert progressivement le capital de Fisher Body entre 1924 et 1926, mettant fin à plusieurs années de tension et d'âpres négociations.

• Les effets du risque de hold-up sur les coûts de transaction

L'existence de ce risque de hold-up introduit des distorsions importantes entre les parties prenantes dans la relation de marché. Il est possible, en particulier, d'identifier trois dysfonctionnements majeurs.

La hausse des coûts de négociation

Dans la mesure où les agents économiques sont conscients de ces risques de hold-up, ils vont chercher à signer des contrats anticipant l'ensemble des contingences (ou tout du moins le plus grand nombre) qui peuvent survenir et affecter l'exécution du contrat. Un tel effort est très consommateur de temps, quand les transactions sont complexes, et implique d'importants coûts de négociation lors de la phase de définition de l'accord. Malgré leurs efforts, en outre, les parties ont peu de chances de réussir à anticiper toutes les contingences possibles. Cet état de fait entraîne de grands risques de renégociations dont les effets peuvent

3. Cas présenté la première fois par Klein B., Crawford R., Alchian A. (1978), « Vertical Integration, Appropriable Rents and the Competitive Contracting Process », *The Journal of Law and Economics*, n° 21, p. 297-326 ; repris par Williamson (1994), *Les Institutions de l'économie*, InterÉditions ; et discuté dans un numéro spécial du *Journal of Law and Economics* (avril 2000).

être conséquents sur la bonne réalisation de la transaction (interruptions, retards, démotivation, défectuosités, etc.).

Le sous-investissement en investissements spécifiques

Face au risque de hold-up, un agent qui doit réaliser des investissements peut stratégiquement décider d'en limiter le degré de spécificité. Ainsi, notre équipementier en charge de la fabrication des portières peut opter pour des machines-outils moins adaptées aux particularités du constructeur ou ne pas engager de dépenses de formation particulières pour sa main-d'œuvre. Ces sous-investissements peuvent être à l'origine de problèmes dans la réalisation de la transaction, tels que baisse d'efficacité, risques de défectuosités, voire accidents sur le lieu de travail, etc.

Des investissements pour améliorer les positions de marchandage ex post

À l'inverse, certains investissements peuvent être menés par les parties prenantes dans le seul objectif d'améliorer *ex post* leurs positions respectives lors des phases ultérieures de négociation. Par exemple, notre fabricant de portières pourrait chercher à forcer sur le long terme l'engagement du constructeur en ajoutant des spécificités techniques auxquelles il serait le seul à pouvoir répondre. Il pourrait alors espérer améliorer sa capacité de renégociation vis-à-vis du constructeur, qui n'aura plus d'alternative crédible et devra accepter, par exemple, une hausse de prix.

C. Le choix de la forme de gouvernance et le passage à l'intégration verticale

L'existence du risque de hold-up due à la présence d'actifs spécifiques accroît sérieusement les coûts de transaction dans la relation entre offreur et demandeur. Il peut alors être préférable de recourir à une forme alternative de gouvernance afin de réduire les coûts de transaction. C'est ce passage de la forme marchande à la forme hiérarchique de la transaction que l'on appelle à proprement parler l'intégration verticale.

• Le changement de nature de la structure de gouvernance

Il est important, en premier lieu, de comprendre en quoi le recours à l'intégration verticale modifie profondément la capacité d'adaptation des agents par rapport aux changements de circonstances.

– En effet, en situation marchande, l'opération réalisée entre l'offreur A et le demandeur B correspond formellement à un transfert de droits de propriété entre deux parties autonomes. A possède un bien ou un service qu'il cède à B en échange d'une contrepartie financière.

– En situation hiérarchisée, A et B réalisent la même transaction, c'est-à-dire le transfert du même bien ou service. En revanche, la façon dont le transfert est opéré change radicalement. Cette fois, A et B n'agissent plus de manière autonome, mais au titre d'une même entité juridique, la firme.

Alors que la formule marchande propose une solution interindividuelle à la transaction, la formule intégrée apporte une solution collective. L'analyse du cadre juridique permet de comprendre le changement de nature de la gouvernance de la transaction. Pour simplifier, dans la *situation marchande*, les agents économiques ont contractuellement l'obligation de faire ce à quoi ils se sont engagés. En revanche, en *situation intégrée*, les agents ont toute liberté d'action quant aux mesures à prendre, hors, bien sûr, ce qui est interdit par la loi. Le tableau 2 schématise la différence de nature du lien entre les parties selon les deux situations. Dans les deux cas, les agents sont tenus par la même finalité – la même transaction à réaliser – mais dans le premier cas, ils sont indépendants et dans le second interdépendants ; et donc, paradoxalement, plus liés par leurs engagements dans le premier cas que dans le second.

Tableau 2. Formes de gouvernance et nature des relations entre agents : une schématisation

En situation de marché	(A) - - - - - - - (B)	Relations interindividuelles
En situation intégrée	(A - - - - - - - B)	Relations collectives

Dans la situation marchande, en cas de changement, les parties doivent s'accorder pour fixer une autre valeur, sous forme d'un prix, comme contrepartie d'un certain nombre d'engagements correspondant au bien ou au service promis, ce qui signifie d'importants coûts de transaction. Dans la situation hiérarchisée, la question de la valeur de la transaction est différée entre les parties. Le bien reste sous la même propriété. Les parties peuvent alors s'ajuster mutuellement aux aléas de la transaction puisqu'elles ne sont pas tenues entre elles par un accord sur une valeur ni par des promesses de réalisation.

Encadré 6

un petit exemple tiré du droit privé

Tant que vous restez dans votre domicile, espace privé, vous avez le droit de vous comporter comme bon vous semble. Chacun, par exemple, a la liberté de fumer chez soi. Seule une interdiction expresse de la loi peut limiter votre action (par exemple, en prohibant certaines substances pouvant être fumées). En revanche, hors de chez vous, vous vous engagez, souvent implicitement, à respecter des règles de comportement et d'action, dans la mesure où vous êtes cette fois dans un lieu public. Chacun ainsi s'abstient de fumer dans un transport collectif, un restaurant ou un hôpital. Il y a une claire séparation entre espace privé et espace public, séparation qui définit l'espace des libertés individuelles. Fondamentalement, dans les affaires, les mêmes principes s'appliquent. Dans la situation marchande (espace public), les agents ont contractuellement l'obligation de faire ce à quoi ils se sont engagés. En situation intégrée (espace privé), puisqu'il n'y a pas de transfert de propriété, le propriétaire a le droit de faire tout ce qui n'est pas interdit par la loi.

Cette mutation du cadre juridique induit donc un profond changement de nature dans la gouvernance de la transaction. Dans les deux contextes, les agents économiques disposent de droits et de capacités d'action très différents. Ces différences se situent principalement au niveau de la définition des droits de propriété dans la transaction.

Les situations extrêmes permettent souvent de mieux saisir la logique d'un système. Il est ainsi intéressant, dans le cas présent, d'imaginer une situation de conflit entre les parties prenantes (A) et (B) impliquées dans une transaction. Par exemple, le fabricant de portières et le constructeur ne sont plus d'accord sur les conditions de livraison des marchandises – et ce même après de longues réunions de concertation. Comparons le comportement de (A) et celui de (B) selon qu'ils agissent en situation marchande ou hiérarchique.

Le cas de la gouvernance marchande

En situation marchande, lorsque (A) et (B) sont en désaccord, la solution qui s'offre à eux est de se référer à une entité (C) qui, concrètement, est une instance de justice comme un tribunal. En effet, le tribunal, par la voie du recours en justice, a pour fonction de trancher ce conflit que les parties prenantes ne sont pas à même de résoudre par elles-mêmes. L'objectif de la procédure va être, pour le juge, de trouver une solution qui contraindra (A) et (B) à respecter les promesses qu'ils ont formulées lors de la signature de l'accord. (A) et (B) vont donc pouvoir présenter indépendamment et dans les mêmes conditions leur version des faits auprès d'un tierce partie (C), qui est externe à la relation, ce qui signifie sans *a priori*, mais également sans information autre que celle fournie par (A) et (B). On peut schématiser ce modèle de la façon suivante :

((A) (B)) / (C)

(A) et (B) sont liés par une transaction et se réfèrent à (C), externe à la relation et indépendant vis-à-vis de (A) et (B).

Un tel système peut, à première vue, sembler optimal, dans la mesure où il va offrir aux parties en conflit un mode de résolution répondant aux critères de justice et d'équité. Le juge va effectivement chercher à détecter et sanctionner la partie qui s'écarte de ses engagements. Il peut cependant, dans un cadre d'asymétrie d'information et de rationalité limitée, connaître de sévères limites.

Deux *critiques* peuvent ainsi être principalement portées à l'encontre de ce schéma :

– d'une part, il génère dans les faits des procédures longues et complexes, qui paralysent l'action des parties dans l'attente d'un verdict. Cette inaction peut souvent être plus coûteuse pour les parties que le préjudice pour lequel elles réclament réparation !

– d'autre part, un problème fondamental est directement lié à la nature même du processus. En effet, le juge (C) ne connaît pas le fond du conflit, il n'est pas impliqué dans celui-ci et doit, pour se fonder une opinion, se contenter d'écouter les dépositions qui lui sont faites. Il dispose donc d'une information incomplète, présentée, qui plus est, par les parties en conflit. De plus, dans les domaines techniques et complexes, le juge n'est pas supposé posséder toute l'expertise nécessaire pour trancher sur le fond. Au total, le recours au tribunal implique pour les parties (A) et (B) d'accepter dans la solution un fort aléa quant à l'issue.

Encadré 7
Le recours à l'arbitrage dans les relations commerciales

En situation marchande, les acteurs économiques, afin de pallier les inconvénients des recours aux tribunaux, ont développé la solution de l'*arbitrage* qui permet une résolution plus efficace des conflits. Dans ce cas de figure, les entreprises anticipent les problèmes que le recours au tribunal entraînerait. L'arbitrage, lorsqu'il sera préféré, exigera l'inclusion dans le contrat entre A et B d'une clause de résolution de conflit. Dans cette clause, A et B mentionneront le nom d'une troisième partie indépendante (C) qui sera l'arbitre en cas de conflit. Contractuellement, les deux parties s'engagent également à respecter la décision de l'arbitre. Cette solution est donc une solution de souplesse en situation marchande.

Le cas de la gouvernance hiérarchisée

En situation hiérarchisée, les parties (A) et (B) en conflit ont recours à une *solution de gestion interne de type managérial* face aux problèmes qui se posent. Cette fois, la partie (C) prend la figure du supérieur hiérachique au sein de l'organisation. Elle n'est pas indépendante, au contraire on peut dire que (A) et (B) sont soumises *a priori* à la décision de (C).

L'intérêt d'un tel pouvoir hiérarchique est alors double : il permet, d'un côté, d'imposer la décision sans devoir respecter une longue procédure comme au tribunal et, de l'autre côté, de disposer de la capacité d'effectuer soi-même des ajustements *ex post* sans devoir renégocier auprès de (A) et (B) les accords antérieurs.

La solution de l'intégration verticale permet également de diminuer les problèmes d'asymétrie de l'information que la situation marchande a du mal à gérer. Elle permet également de réduire les situations de conflit liées à la rationalité limitée des agents qui ont du mal à anticiper les problèmes du monde réel et développent des points de vue partiels. Elle fournit enfin une plus grande capacité à élaborer une solution et à trancher en cas de désaccord.

Au total, en cas de conflit, la solution hiérarchique peut souvent se révéler plus efficace que la solution marchande pour aboutir à une solution, du fait qu'elle prend la forme suivante :

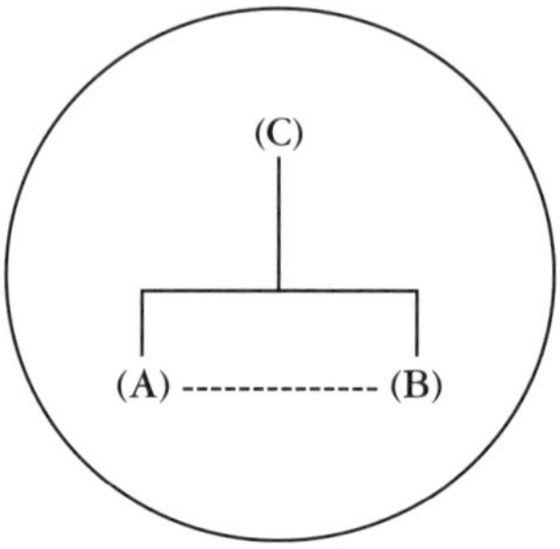

Les parties (A) et (B), ainsi que le mode de résolution de conflits (C), sont solidairement liés par la relation hiérarchique.

• La socialisation des pratiques

Dans la solution marchande, les parties sont indépendantes et *a priori* agissent de manière anonyme. Rien, en outre, ne les lie au-delà de la transaction du moment. Ce caractère ponctuel de l'échange est ainsi susceptible d'exacerber les comportements opportunistes vis-à-vis des quasi-rentes. En revanche, dans la solution hiérarchique, il n'y a plus un tel conflit pour s'accaparer les profits entre (A) et (B), dans la mesure où les agents économiques sont impliqués dans des intérêts communs et non plus dans une situation de face-à-face.

En outre, du fait de l'intégration (travail collectif), des processus de socialisation entre les agents se développent. Cela se traduit par de meilleures connaissances réciproques, des relations personnelles et une meilleure culture d'entreprise. L'intérêt de cette socialisation est de favoriser l'échange d'informations et de réduire les incompréhensions, les sources de conflits et les comportements opportunistes, qui ne manqueraient pas de surgir en relation marchande.

• Les différentes formes d'intégration verticale

Sous le terme générique d'intégration verticale, il est possible de distinguer plusieurs formes : intégrations en amont, latérale et en aval. Chacune présente quelques particularismes brossés ci-après[4].

– L'**intégration en amont** indique la remontée dans la filière vers les phases initiales dans le processus de production. Elle est souvent présente au niveau des secteurs de base comme l'extraction des matières premières. Dans de nombreux cas, l'intégration vers l'amont est liée à la *spécificité de site*, du fait de problèmes de colocalisation des actifs entre les étapes de production.

– L'**intégration latérale** se situe à un même niveau de la filière et porte sur d'importants phénomènes comme l'intégration des composants, c'est-à-dire des sous-systèmes qui font partie d'un système global. La situation opposée (la « non-intégration ») est bien connue à travers les phénomènes de sous-traitance (très développée aujourd'hui dans de nombreuses industries comme l'automobile, l'aéronautique ou la construction navale) ou d'*outsourcing* évoqués en introduction. Les actifs spécifiques importants en intégration latérale sont les *actifs physiques*. De nombreuses recherches empiriques montrent que plus les composants impliquent des développements de machines-outils spécifiques, des frais de R&D, plus les sous-systèmes tendent à être intégrés par les producteurs.

– L'**intégration en aval** indique la descente dans la filière vers les phases finales dans le processus de production. Elle touche généralement l'organisation des réseaux de distribution. On y constate que les actifs spécifiques les plus

4. Cœurderoy R. et Quélin B. (1997), « L'économie des coûts de transaction : un bilan des études empiriques sur l'intégration verticale », *Revue d'économie politique*, 107, p. 145-181.

critiques sont les *actifs humains*. À la fois enjeux et acteurs de l'opportunisme, ils sont les plus difficiles à contrôler, et donc ceux qui nécessitent les modes de gouvernance tels que la hiérarchie possédant les moyens de contrôle les plus importants.

III. La diversification des activités

Le développement d'une organisation peut aussi venir de ce que les agents économiques décident de gérer sous une même propriété différentes activités qui n'appartiennent pas à la même filière de transformation. On parle ici de diversification.

Une organisation opère un processus de diversification dès le moment où elle s'engage dans une deuxième activité. Par exemple, si un « hypothétique » fabricant de pneumatiques décidait de réaliser également des guides touristiques et culinaires, il s'agirait de diversification. Il en serait de même d'une société qui serait présente dans le bâtiment, l'industrie de la télévision et la téléphonie. Se pose alors la question de savoir pourquoi une organisation peut être plus efficace pour gérer conjointement différentes activités, au lieu d'avoir autant d'organisations que d'activités.

Par-delà quelques exemples bien connus, la définition empirique et la mesure de la diversification sont souvent assez délicates. Selon le point de vue des statistiques d'entreprises officielles, une entreprise est diversifiée lorsqu'elle réalise son chiffre d'affaires total dans au moins deux secteurs économiques.

Une autre méthode d'analyse de la diversification part de la *segmentation stratégique* de l'organisation. Dans cette approche, l'organisation est diversifiée à partir du moment où elle est active dans plus d'un domaine d'activité stratégique. Un domaine d'activité stratégique se définit à travers trois vecteurs : une gamme de produits ou services, une clientèle et une technologie de production (voir graphique 6).

Graphique 6. Les dimensions structurelles de la segmentation stratégique des activités

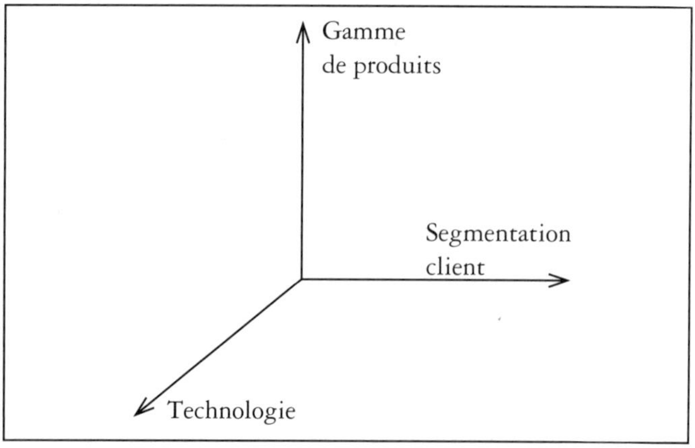

Encadré 8
Quelques exemples de diversification selon les domaines d'activité stratégique

L'existence de ces trois dimensions ouvre différents cas de figure. Voici quelques exemples :

1er cas : changement de produits, les clients et les technologies restant identiques : Microsoft crée le tableur (Excel), après avoir créé le traitement de texte (Word). Microsoft s'adresse aux mêmes clients mais le produit change.

2e cas : changement de technologies, les produits et les clients restant identiques ; les banques proposent depuis quelques années l'*e-banking* : elles s'adressent toujours aux mêmes clients, offrent les mêmes services mais la technologie change : le client ne doit plus se déplacer à la banque, il fait tout derrière son écran.

3e cas : changement de clients, les produits et les technologies restant identiques. Dans le secteur de l'habillement, de grands couturiers se sont imposés dans la mode féminine puis ont étendu leur gamme de vêtements aux hommes. Le même mouvement s'est opéré dans le secteur de la parfumerie.

4e cas : changement de produits et de clients, les technologies restant identiques. Depuis quelques années, les entreprises du secteur automobile développent de nouveaux modèles destinés aux nouveaux marchés des pays émergents. Ils le font en utilisant leurs savoir-faire et leurs compétences déjà existantes.

5e cas : changement de technologies et de clients, le produit restant identique. Lorsque les éditeurs ont décidé de lancer les collections en format dit « de poche », ils ont opté pour une autre technologie de production que les ouvrages brochés (plus coûteux). Ce choix leur permettait d'atteindre un nouveau lectorat, tout en leur offrant le même service, c'est-à-dire le même plaisir de lecture.

6e cas : changement de produits et de technologies, les clients restant identiques. Lorsqu'un groupe de luxe comme LVMH offre du parfum, de la maroquinerie, de la joaillerie et des alcools, il vise, sous des marques différentes, toujours la même cible de consommateurs.

7e cas : changement de produits, de technologies et de clients. Il peut arriver dans certains cas qu'une entreprise se développe dans une nouvelle activité totalement déconnectée de la première. Par exemple, une entreprise comme Virgin est présente dans les secteurs du transport aérien, du transport ferroviaire, des boissons gazeuses, de la musique, etc.

Si le concept de la diversification paraît assez simple et clair d'un point de vue théorique, les exemples de l'encadré laissent entrevoir que la nature concrète de la diversification est beaucoup plus difficile à établir. Avant d'analyser les principaux motifs qui justifient économiquement la diversification, il importe donc dans cette section de préciser comment celle-ci peut être évaluée.

A. L'évaluation de la diversification

Sur la base de ces distinctions, plusieurs méthodes existent pour mesurer l'intensité de la diversification dont, principalement, la part du chiffre d'affaires, l'indice d'Herfindhal et l'indice d'entropie.

Encadré 9
Le concept de *relatedness*

Sur la base de la concentration du chiffre d'affaires, certains travaux ont établi des typologies d'entreprises selon leur degré de diversification. A ainsi été défini le terme de *relatedness*, c'est-à-dire la proximité des relations entre les activités[5].

On peut ainsi distinguer quatre seuils de diversification :

1er seuil *Spécialisation* : l'entreprise réalise plus de 95 % de son chiffre d'affaires dans la même activité (par exemple, la société Michelin).

2e seuil *Firme à activité dominante* : une activité représente une part comprise entre 70 % et 95 % du chiffre d'affaires (par exemple, la société Boeing).

3e seuil *Firme à activités reliées* : une activité représente moins de 70 % du chiffre d'affaires, mais les autres activités sont reliées (par exemple, la société France Télécom).

4e seuil *Firme à activités diverses (conglomérat)* : aucune des activités ne dépasse 70 % du chiffre d'affaires et les autres activités n'ont pas de liaisons avec l'activité principale (par exemple, la société General Electric).

• La part du chiffre d'affaires

La façon la plus simple d'évaluer la diversification est de calculer la part du chiffre d'affaires dans l'activité principale par rapport au chiffre d'affaires total. Cela permet d'avoir une première vision de manière simple et d'élaborer certaines typologies (voir encadré 9). En revanche, cette mesure reste relativement fruste car elle n'apporte pas d'information sur les autres activités.

• L'indice d'Herfindhal

Il est aussi possible d'utiliser l'indice d'Herfindhal, selon la formule suivante :

$$D = \sum_{i=1}^{n} p_i^2$$

où D est la mesure de diversification, p_i la part de l'activité i dans l'activité totale mesurée en chiffre d'affaires ou en effectif salarié ($0 < p_i \leqslant 1$). Si D vaut 0, l'entreprise est très spécialisée, tandis que si D est proche de 1, celle-ci est très diversifiée.

• L'indice d'entropie

Il est également possible d'utiliser l'indice d'entropie, selon la formule suivante :

$$D = \sum_{i=1}^{n} p_i . \log \frac{1}{p_i}$$

5. Rumelt R. (1986), *Strategy, Structure, and Economic Performance*, Boston, MA : Harvard Business School Press.

Si pi vaut 1, D est alors égal à 0. Si une entreprise a 20 activités qui représentent chacune 5 % du chiffre d'affaires, alors D vaut environ 3.

Encadré 10
Grandeur et décadence de la diversification

L'existence de la diversification suit des hauts et des bas. On a observé depuis l'après-guerre, et ce jusque vers les années 1980, un développement de l'entreprise diversifiée sachant que la forme « conglomérale » tendait à stagner. Depuis les années 1980, il y a de la part de la majorité des groupes un mouvement de recentrage et de concentration sur un nombre limité d'activités. Ce mouvement est lié au développement des marchés de capitaux. Pour l'actionnaire, le primat est donné à la maximisation de la valeur de l'action et non à la gestion par l'entreprise du risque qui doit être du ressort de l'investisseur financier. Nous assistons donc à un mouvement de spécialisation des entreprises sur leur(s) métier(s) de base.

B. Les motifs de la diversification

Plusieurs arguments peuvent expliquer la rationalité économique qui motive à la gestion par une même organisation de plusieurs activités. Les principaux arguments évoqués sont 1) la recherche de synergies financières ; 2) la redéployabilité des actifs et 3) les économies de coûts de transaction.

• Les synergies financières

Le motif qui a été longtemps avancé à l'appui de la diversification repose sur un argument de gestion financière : le principe est de dire que la diversification permet de développer sur le long terme un *portefeuille d'activités* et de réallouer les profits d'une activité vers une autre. De cette façon, une activité profitable peut, par exemple, permettre de soutenir une autre activité qui rencontre des difficultés conjoncturelles. Cette logique repose sur la capacité des décideurs au sein de l'organisation à réaliser des investissements plus profitables que ceux que permettrait le marché externe sur la base de projets séparés. L'organisation crée ainsi un marché interne de capitaux (la solution intégrée) qui se substitue au marché externe (la solution marchande)[6].

D'un point de vue purement financier, cet argument apparaît très discuté. Certains estiment qu'un tel système de marché interne accroît le coût du capital dans la mesure où il limite les ressources disponibles. Par ailleurs, le risque doit être géré au niveau de l'actionnaire sur un marché financier plutôt qu'à celui de l'organisation, dans la mesure où le premier pourra construire un portefeuille diversifié d'actions qui lui permettra d'être neutre face au risque propre à l'organisation.

6. L'argument organisationnel sera repris dans le chapitre 4.

Fondamentalement, l'enjeu majeur sous-jacent est celui de l'*information pertinente*, c'est-à-dire nécessaire et suffisante, pour décider de ces allocations de capitaux. Si les dirigeants disposent de plus d'informations ou d'une information de meilleure qualité que les détenteurs de capitaux qui sont externes à l'entreprise, il peut être préférable de diversifier afin de permettre de meilleurs investissements. Dans la sélection d'activités nouvelles, par exemple, les résultats futurs sont fortement incertains. Les dirigeants d'une organisation, sur la base de la connaissance de leurs équipes, acceptent souvent de prendre des risques que des investisseurs extérieurs refuseraient. À l'inverse, ce sont parfois les investisseurs extérieurs qui, sur la base de leurs informations plus limitées, peuvent faire preuve « d'exubérance irrationnelle » !

Encadré 11
Rappel sur la matrice BCG

L'analyse de portefeuille pour les groupes diversifiés a donné lieu à l'élaboration de matrices pour l'aide à la décision. L'une des plus connues et des plus anciennes est la matrice construite par le Boston Consulting Group dans un objectif d'allocation des ressources internes à une organisation. Elle se fonde sur deux axes : en ordonnée, le taux de croissance de l'activité concernée ; en abscisse, la part de marché relative de l'entreprise dans son activité[7]. Ces deux axes permettent de définir chaque activité selon l'un des quatre cas de figure possibles :

1) Si le taux de croissance est supérieur à 10 % et la part de marché relative supérieure à 1, l'activité a besoin de fortes liquidités pour se développer mais peut également être capable de subvenir à ses besoins du fait de ce fort taux de croissance. Elle est qualifiée de « vedette » et est autofinançable.

2) Si le taux de croissance est inférieur à 10 % et la part de marché relative supérieure à 1, l'activité n'exige pas d'importants investissements nouveaux et permet de générer des flux de liquidité. Pour autant que l'activité est durable, elle permet donc de générer des profits qui pourront être réalloués. Elle est dite « vache à lait », ce qui est assez parlant.

3) Si le taux de croissance est inférieur à 10 % et la part de marché relative inférieure à 1, l'activité est dans une situation de faible rentabilité et les potentialités de développement limitées. Elle est considérée comme un « poids mort » que l'entreprise a peu d'intérêt à garder.

4) Si le taux de croissance est supérieur à 10 % et la part de marché relative inférieure à 1, l'activité est en soi prometteuse mais l'entreprise n'est pas nécessairement en bonne position, ce qui nécessite de forts besoins en capitaux pour améliorer la situation. Être prometteur sans être assuré de pouvoir tenir, c'est être un « dilemme », terme donné à cette catégorie.

Sur la base de cette classification, les dirigeants d'une organisation peuvent décider de l'avenir de chacune des activités et opérer des flux financiers entre elles pour que, notamment, les activités rentables d'aujourd'hui aident au développement de celles de demain (tableau 3).

7. La part de marché relative est le ratio part de marché de l'entreprise sur part de marché du concurrent principal. Ce ratio se concentre donc essentiellement sur une logique de recherche d'économies d'échelle.

Tableau 3. La matrice BCG

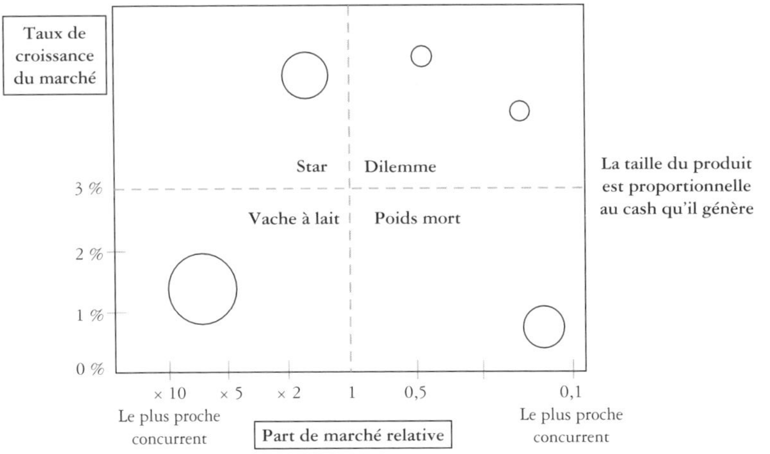

Source : Wikipedia, rubrique « Matrice BCG »

• Les économies d'échelle et de champ sur la base d'actifs redéployables

Le processus de diversification peut également répondre à une logique de recherche d'économies d'échelle et de champ telle que précédemment exposée. Mais cette logique ne fait sens que dans la mesure où certains actifs engagés dans la première activité peuvent être redéployés partiellement ou en totalité vers un autre usage.

Autrement dit, sur les investissements (Ii) de la première activité, supposons qu'il existe une part α (avec $\alpha \in [0,1]$) qui peut être reconvertie vers un usage alternatif. Si $\alpha = 0$, cela signifie qu'il n'y a pas de reconversion possible. S'il y a, en revanche, reconversion d'une partie des actifs ($\alpha > 0$), alors le nouvel investissement sur base de redéploiement (I_N) peut être comparé à un investissement totalement nouveau (I_T) de la manière suivante :

$I_N = I_T - \alpha \, Ii + C_a$ où C_a correspond aux coûts d'ajustement. Les coûts d'ajustement proviennent d'éventuels besoins d'adapter les capacités de production et les compétences managériales.

On déduit de cette égalité une *règle de décision* : la diversification apparaît comme un choix efficace dans la mesure où les investissements sur la base du redéploiement d'actifs existants représentent des coûts inférieurs à un investissement totalement nouveau. Autrement dit, il faut que :

$$(C_a - \alpha \, Ii) \leqslant 0 \text{ ou } C_a \leqslant \alpha \, Ii.$$

Ce type de décision apparaît dans de nombreux cas, et en particulier lorsque l'organisation dispose d'actifs managériaux ou organisationnels sous-utilisés.

Ceux-ci peuvent souvent être redéployés relativement facilement dans un autre domaine avec des coûts d'ajustement relativement réduits.

Encadré 12
Quelques exemples célèbres de diversification sur base de redéploiement dans le secteur de l'Internet

– Amazon.com, « la plus grande librairie du monde », s'est développée sur l'offre de livres, puis a étendu son activité aux cédéroms, aux cadeaux, etc. Amazon.com a construit l'ensemble des ressources logistiques et organisationnelles sur sa première activité de distributeur de livres : livrer, par la suite, autre chose que des livres est plus facile dans la mesure où cela mobilisera des compétences et des savoir-faire déjà présents. En revanche, si une nouvelle entreprise voulait se lancer dans la vente par Internet de cédéroms au niveau mondial, elle aurait beaucoup plus de coûts à supporter qu'Amazon.com qui possède déjà l'infrastructure.
– Lastminutes.com : cette société propose *via* Internet des voyages « dégriffés », vendus avec un rabais important si l'on accepte les conditions de dates et de prestations qui sont fixées. Lorsque cette activité a été stabilisée, la société a alors pu proposer à moindres frais de nouvelles offres (gastronomie, sorties, cadeaux, etc.).

• Les économies de coûts de transaction

La diversification peut également permettre d'économiser des coûts de transaction liés aux négociations interfirmes. Concrètement, dans de nombreuses situations, une organisation a besoin de négocier avec d'autres organisations l'usage de certains actifs. Si ces coûts de négociation deviennent trop élevés, il peut alors être moins coûteux de gérer sous la même entité juridique des activités distinctes. On parle ici d'**investissements cospécialisés** : ce sont des investissements dont la duplication est trop coûteuse mais dont la négociation contractuelle peut être également trop coûteuse. Deux exemples d'organisations bien connues permettent de bien saisir l'importance que revêtent ces réductions sur les coûts de négociation. Ce sont les cas de l'université et de l'hôpital.

– Regardons d'abord, très simplement, comment fonctionne une **université**, comment elle est organisée (graphique 7). L'université, généralement, est découpée en facultés, elles-mêmes divisées en départements. Globalement, chaque faculté développe de manière autonome ses enseignements. Elle partage en revanche des équipements communs : les salles de cours, les logements, le complexe sportif, etc. On pourrait imaginer les facultés comme des entités indépendantes. Dans ce cas, le coût d'une gestion indépendante de ces équipements impliquerait des coûts élevés pour chaque faculté. Par ailleurs, un système de négociation interfacultés pourrait également se révéler trop coûteux dans la mesure où l'université implique de fortes spécificités de site (co-localisation) et humaines.

Graphique 7. Un exemple (imaginaire et incomplet) d'une structure universitaire

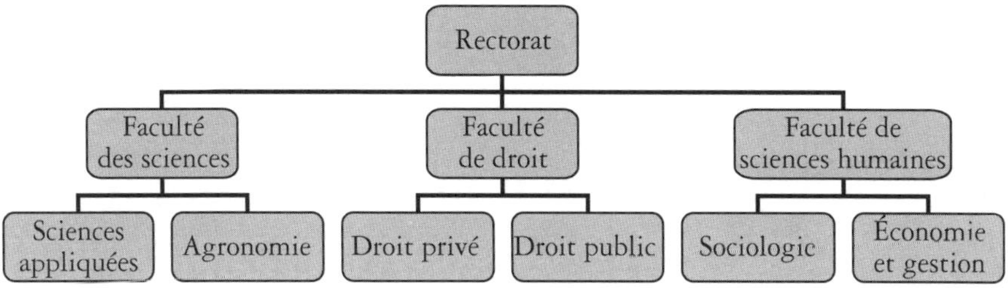

– Prenons un second exemple, plus frappant encore, celui de l'**hôpital**. On retrouve ici la même logique de spécialisation : chaque service (médecine générale, chirurgie, stomatologie, etc.) a sa propre autonomie fonctionnelle. Mais souvent un malade est amené à consulter plusieurs médecins de différents services. Il y a ici encore un avantage très fort à partager de nombreux services ainsi que l'occupation des salles. Imaginons, à l'inverse, que chaque service doive négocier avec les autres la seule question de l'occupation des locaux. Dans cette hypothèse, il faudrait élaborer pour chaque « produit » (c'est-à-dire un couple salle × horaire) un principe de tarification, par exemple par appel d'offre. Chaque service louerait donc des créneaux horaires. La tarification se ferait en fonction de l'offre et de la demande. Dans un système parfait, avec une connaissance précise des besoins présents et futurs, on pourrait organiser les préférences et ainsi les tarifer. Mais admettons que le service des grands brûlés ait négocié l'occupation de la salle de chirurgie pour six heures par semaine. Si un bus a un accident et que 50 personnes arrivent dans ce service, se pose une situation d'urgence. Dans le système contractuel, le représentant du service devrait mener à nouveau des négociations pour l'accès à la salle. Il existerait alors un risque d'opportunisme se traduisant par une surtarification. Il faudrait payer aux autres services des dédommagements, et le temps de renégociation en cas d'urgences risquerait de s'allonger de manière excessive. Au total, ce système de tarification risquerait non seulement d'être peu efficace, mais plus encore d'être particulièrement dangereux pour les patients ! Il paraît donc préférable de remplacer ce système par un système intégré (l'hôpital, tel qu'on le connaît généralement) où un système d'expertise médicale remplace la tarification en première instance. On passe ainsi d'un système fondé sur le prix (marché) à un système d'expertise (hiérarchie) dans lequel ce sont les médecins qui vont alors décider de l'ordre de passage des cas. Dans un cadre de rationalité illimitée et d'information parfaite, on pourrait montrer que ces deux systèmes tendent à converger car le prix le plus élevé va être fixé pour le cas le plus urgent (qui sera privilégié par l'expertise), dans la mesure où un système de remboursement soulève la contrainte budgétaire de chaque patient. Mais en situation de rationalité limitée et d'information imparfaite, il est souvent plus difficile – voire impossible comme dans les situations d'urgence – de qualifier la gravité des cas et de tarifer en conséquence. Dans une organisation diversifiée comme l'hôpital, la négociation entre les différentes parties prenantes peut être limitée grâce à la mise en place de règles internes de coordination. Ce système favorise ainsi grandement la flexibilité d'adaptation et la capacité de changement en situation d'incertitude.

En dernier ressort, l'analyse du développement de l'organisation **pose la question clef des frontières des firmes et des marchés**. Économies d'échelle et de champ, effets d'expérience, intégrations horizontales ou verticales, diversification : ces différents mécanismes économiques sont autant de facteurs qui dessinent les lignes de partage entre organisation de l'économie sous forme marchande ou collective. Ce partage s'opère sur un critère d'efficience selon lequel seules les formes organisationnelles les mieux adaptées survivront alors que les autres seront éliminées par le jeu concurrentiel.

Ce darwinisme organisationnel connaît historiquement des mouvements de balancier plus ou moins violents. Depuis deux décennies environ, beaucoup de transactions sortent de l'organisation pour être gérées par interface marchande. Cela se traduit en particulier par des opérations de désintégration verticale ou horizontale et par une réduction des périmètres de diversification. En revanche, le vingtième siècle dans son ensemble a été très largement celui des grandes entreprises, et donc plus celui du développement de l'économie des organisations que de l'économie de marché.

Chapitre 4

La structuration de l'organisation

Dans les chapitres précédents, nous avons vu dans quelle mesure les agents économiques pouvaient avoir des difficultés à se coordonner par la seule interface du marché. Les agents économiques sont ainsi amenés dans de nombreux cas à remplacer la solution interindividuelle par une architecture collective afin de réaliser la transaction à moindre coût. Cette substitution implique au moins deux changements dans la nature même des relations entre agents économiques :

– d'une part, dans un système marchand, les agents sont autonomes et prennent leurs décisions de manière indépendante. Ils réalisent ainsi leurs choix en fonction de leurs intérêts individuels. Dans l'organisation, en revanche, les agents sont interdépendants. Leurs décisions individuelles sont partie prenante de l'ensemble et sont déterminées en partie par ce contexte ;

– d'autre part, les décisions des agents sur un marché sont spontanées, c'est-à-dire qu'elles ne répondent qu'à la seule initiative de l'agent. Selon sa propre fonction d'utilité et les priorités qu'il se fixe, il ordonne ses décisions selon son propre agenda personnel. Dans un système organisé, en revanche, les décisions des agents sont guidées ou stimulées, généralement dans une ligne hiérarchique. Elles s'intègrent dans un processus planificateur des décisions.

L'intégration des transactions au sein de l'organisation modifie donc les modalités de gestion. Le passage de la solution marchande à la solution intégrée doit se comprendre, fondamentalement, comme une profonde transformation de la nature de la relation entre les agents économiques. Cette transformation implique différentes dimensions : la nature même de la prise de décision (I) ; la décomposition du travail en tâches (II) ; la structuration de l'ensemble complexe de transactions (III).

I. L'organisation et la prise de décision

Le contexte organisationnel – qu'il soit marchand ou hiérarchique – influence la façon dont les agents économiques prennent leurs décisions. Cela implique de prendre en considération la façon dont une décision est prise, c'est-à-dire le processus décisionnel. Ce lien entre le contenu d'une décision et le processus qui amène ce contenu est bien connu des théoriciens de la prise de décision. Il n'en reste pas moins souvent relativement ignoré en économie[1].

Dans cette section, le processus décisionnel est décomposé, schématiquement, en plusieurs phases. Sur ce modèle, il est possible de comprendre la spécificité de la relation d'autorité qui structure le contrat de travail et la relation hiérarchique.

A. La séparation et le contrôle de la décision

Pour bien comprendre cette distinction entre processus et contenu de la décision, il importe de décomposer les différentes phases d'un processus décisionnel. Il est alors possible de voir comment et par qui est pris en charge le processus.

• Les phases du processus de décision

L'approche traditionnelle en économie de la prise de décision tend à négliger la dimension du processus. L'approche simplifiée considère que l'agent prend ou ne prend pas une décision en fonction de ses préférences et des contraintes qui pèsent sur lui. Par exemple, sachant le prix d'une livre de pommes de terre, ses besoins familiaux de consommation, son budget et le prix des autres biens de consommation, la ménagère déterminera la quantité à acheter.

Cette approche s'appuie sur une vision simplifiée de la décision dans laquelle importe peu le processus qui amène à la décision, c'est-à-dire les étapes qui conduisent à ladite décision. Il est cependant utile de décomposer avec précision les mécanismes de prise de décision. Il est ainsi fréquent de distinguer quatre phases dans les processus collectifs :

1. une phase d'initiation, dans laquelle sont élaborées des options possibles ;
2. une phase de ratification, qui sélectionne l'une des options ;
3. une phase de mise en œuvre de la décision prise ;
4. enfin, une phase de contrôle et d'évaluation de la réalisation de la décision.

Ces quatre phases peuvent se classer en deux sous-catégories :

a) l'initiation et la mise en œuvre de la décision sont par nature des phases de gestion de la prise de décision ;
b) la ratification et le contrôle *a posteriori* en revanche relèvent du contrôle de la décision.

1. Simon H.(1983), *Administration et processus de décision*, Economica, 1re édition, 1945 ; *Administrative Behavior. A Study of Decision-Making Processes in Administrative Organization.*

Dans certains cas, le même individu gère et contrôle le processus décisionnel. La ménagère précédemment citée, par exemple, va définir les différents paniers de provision possibles, en sélectionner un, réaliser elle-même l'acquisition des biens et, de retour chez elle, autovalider qu'elle a bien réalisé les choix qu'elle s'était fixés !

Dans de nombreux autres cas, en revanche, le processus est partagé entre plusieurs parties prenantes. Par exemple, dans les projets immobiliers, les maîtres d'œuvre travaillent pour un commanditaire : le donneur d'ordre. Les premiers gèrent la décision et les seconds assurent la fonction de contrôle. Les employés, également, gèrent un certain nombre de décisions que leurs supérieurs contrôlent et valident. Dans le cas de la direction des entreprises, la séparation entre gestion et contrôle de la décision est même institutionnalisée comme un principe de gouvernance (voir encadré 1).

• La relation d'agence

La séparation entre gestion et contrôle représente la base de ce que les économistes appellent la « relation d'agence »[2]. Cette relation existe quand un individu, l'« agent », travaille pour un autre individu, le « principal ». Par définition, il s'agit d'une relation générale qui s'applique à un grand nombre de relations entre agents économiques et qui est la source des coûts d'agence (voir chapitre 2).

Encadré 1
La séparation de la gestion et du contrôle dans la direction des entreprises en Belgique

La séparation de la gestion de la prise de décision et de son contrôle est un élément clef pour la direction des entreprises. Elle est définie juridiquement dans le Code des sociétés. Voici une présentation relative aux entreprises belges, mais qui est très largement partagée en France :

« Les propriétaires (actionnaires) de l'entreprise peuvent exercer leurs pouvoirs lors des réunions de l'assemblée générale grâce aux droits de vote attachés aux actions qu'ils détiennent. "L'assemblée générale des actionnaires a les pouvoirs les plus étendus pour faire ou ratifier les actes qui intéressent la société" (art. 531). L'assemblée générale doit nommer les administrateurs (trois au minimum, le terme de leur mandat ne peut excéder six ans) et peut les révoquer *ad nutum*. L'assemblée générale prend connaissance du rapport de gestion et approuve les comptes. Elle octroie, par vote, la décharge aux administrateurs et commissaires (art. 554 du Code des sociétés). Notons que l'assemblée générale nomme le commissaire aux comptes qui va certifier les comptes remis par le conseil d'administration et que, sur la base des informations fournies par le commissaire, elle peut prendre une décision "éclairée".

2. Jensen M. et Meckling W. (1976), « Theory of the Firm : Managerial Behavior, Agency Costs and Ownership Structure », *Journal of Financial Economics*, 3, p. 305-360. Fama E. et Jensen M. (1983), « Separation of Ownership and Control », *Journal of Law and Economics*, 26, p. 301-325.

Les administrateurs agissent collégialement et le conseil d'administration "a le pouvoir d'accomplir tous les actes nécessaires ou utiles à la réalisation de l'objet social de la société, à l'exception de ceux que la loi réserve à l'assemblée générale" (art. 522 §1er Code des sociétés).

Le conseil d'administration peut déléguer des tâches de gestion journalière, c'est-à-dire qui ne dépassent pas "les besoins de la vie quotidienne de la société, ou les besoins qui tant en raison du peu d'importance qu'ils présentent que de la nécessité d'une prompte solution à atteindre, ne justifient pas l'intervention du conseil d'administration" (p. 329, Code des sociétés 2005, la charte). L'article 524bis spécifie que "Les statuts peuvent autoriser le conseil d'administration à déléguer ses pouvoirs de gestion à un comité de direction, sans que cette délégation puisse porter sur la politique générale de la société ou sur l'ensemble des actes réservés au conseil d'administration en vertu d'autres dispositions de la loi. Si un comité de direction est institué, le conseil d'administration est chargé de le surveiller"[3]. »

Les organes de la SA

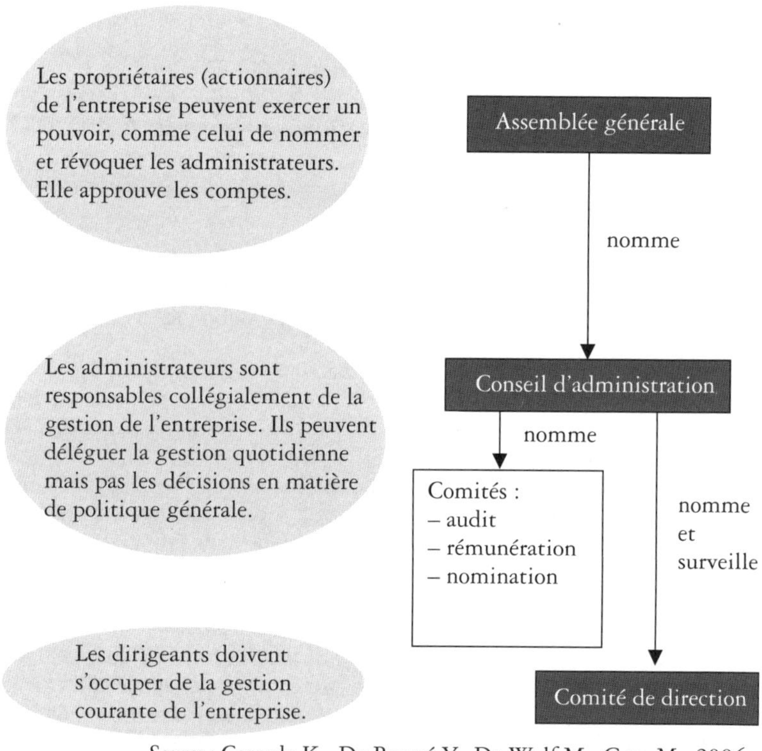

Source : Cerrada K., De Rongé Y., De Wolf M., Gatz M., 2006.

3. Cerrada K., De Rongé Y., De Wolf M., Gatz M. (2006), *Comptabilité et analyse des états financiers. Principes et applications*, De Boeck Université.

Il est possible de distinguer un certain nombre de facteurs qui expliquent l'émergence de la relation d'agence.

La première raison tient aux limites naturelles que rencontrent les capacités de travail de chacun et, par là même, les bénéfices qu'il peut attendre de la spécialisation du travail. Mais déléguer le travail c'est en revanche se confronter aux limites de chacun en termes de capacités de suivi et de contrôle des autres personnes. Enfin, ces limites dépendent également de celles que tout agent connaît nécessairement en termes de compétences.

À la base de la relation d'agence, il y a aussi un arbitrage entre besoin de distribuer les tâches et difficulté à en exercer la supervision ; et donc l'émergence de coûts d'agence. Ceux-ci se décomposent en trois sous-catégories :

1. afin de superviser les actions de son agent, le principal doit assumer des « coûts de surveillance » ;
2. à l'inverse, l'agent, pour montrer sa bonne foi, doit assumer des « coûts de démonstration » ;
3. enfin, par rapport à un modèle d'information parfaite, on suppose que demeurent certaines pertes économiques résiduelles, dont le coût de correction risquerait d'excéder les bénéfices potentiels.

B. Le fondement économique du contrat de travail

Dans l'organisation, la relation entre le principal et l'agent se structure formellement au sein du contrat de travail. Celui-ci étant spécifique à l'organisation, il importe d'en saisir les caractéristiques propres. On peut dire ainsi qu'il institutionnalise la fonction d'autorité entre les parties prenantes.

• Qu'est-ce qu'un contrat de travail ?

Le contrat de travail, qui est comme chacun peut s'en douter, d'une importance capitale dans la vie économique, est paradoxalement un document qui ne fournit généralement que très peu d'informations. Les économistes parlent à son sujet de « contrat incomplet ».

Sa définition n'est pas précisée dans un texte de loi particulier. Selon la jurisprudence française, il s'agit d'une « convention par laquelle une personne physique s'engage à mettre son activité à la disposition d'une autre personne, physique ou morale, sous la subordination de laquelle elle se place, moyennant une rémunération »[4]. Jusqu'en 1973, le contrat de travail était également dénommé « contrat de louage de service ».

Cependant, l'existence d'un contrat de travail a pour conséquence de créer des obligations réciproques entre les parties contractantes : ainsi, l'agent – le salarié – doit réaliser le travail pour lequel il a été recruté et le principal – l'employeur – doit lui fournir ce travail et une rémunération.

---

4. Pelissier J., Supiot A. et Jeammaud A. (2004), *Droit du travail*, Dalloz, 22e édition.

Dans le droit français, un contrat de travail doit au moins contenir les éléments suivants : la fonction de l'employé ; sa qualification professionnelle ; sa rémunération ; le délai de préavis en cas de démission ; la convention collective de référence ; le lieu de travail et la durée du contrat (indéterminée ou déterminée). Le contenu d'un contrat, souvent, ne se révèle concrètement qu'*ex post* dans la mesure où, à la signature, l'agent accepte une certaine (et même souvent une forte) incertitude sur le détail de ses engagements.

Encadré 2

Un exemple type de contrat de durée indéterminée

Il existe de nombreuses formes de contrats de travail possibles. Sur le site du ministère français de l'Emploi, de la Cohésion sociale et de la Solidarité, on pouvait trouver, par exemple en 2006, le contrat insertion-revenu minimum d'activité (CI-RMA) ; le contrat d'apprentissage ; le contrat d'insertion dans la vie sociale (CIVIS) ; le contrat nouvelle embauche (CNE) ; le PACTE (parcours d'accès aux carrières territoriales, hospitalières et de l'État) ; le contrat initiative-emploi (CIE) (contrats conclus jusqu'au 30 avril 2005) ; le contrat « Jeunes en Entreprises » ; le contrat d'accès à l'emploi (CAE) ; le contrat d'avenir ; le contrat d'accompagnement dans l'emploi ; le contrat initiative-emploi rénové (CIE) (contrats conclus depuis le premier mai 2005) ; le contrat de professionnalisation ; le contrat vendanges ; le contrat de travail intermittent ; le contrat de travail à temps partiel ; le contrat de travail temporaire ; le contrat à durée déterminée ; et bien sûr le contrat à durée indéterminée.

À titre illustratif, voici le modèle type d'un contrat de travail à durée indéterminée tel que fourni par le ministère français. Il est ici reproduit en italique, afin de montrer ce qu'est, concrètement, un contrat de travail.

Entre les soussignés,
– L'entreprise ...., n° d'identification ...., dont le siège est à ....
Représentée par .... agissant en qualité de .... d'une part,
– et M. .... n° de Sécurité sociale ...., demeurant à ...., d'autre part,
Il a été convenu ce qui suit :

1- M. ...., qui se déclare libre de tout engagement incompatible avec le présent contrat, est engagé à compter du .... avec la qualification de .... (cf. classification de la convention collective) pour tenir un emploi de ....

2- L'entreprise .... a déclaré préalablement à son embauche M. .... auprès de l'URSSAF (ou de la MSA) de ....

3- La convention collective applicable à l'entreprise est la convention collective ....

Pour toutes les dispositions relatives à la relation de travail non prévues par le présent contrat, les parties se référeront à cette convention.

4- Le contrat ne deviendra définitif qu'à l'issue d'une période d'essai de .... au cours de laquelle chacune des parties pourra rompre le contrat sans indemnité.

5- La durée hebdomadaire de travail de M. .... est fixée à ....

(Si le contrat est à temps partiel, faire figurer les mentions prévues à l'article L. 212-4-3 du CT)

(S'il existe un horaire collectif dansl'entreprise, rédiger ainsi : « La durée hebdomadaire de travail est fixée conformément à l'horaire collectif affiché dans l'entreprise. À titre informatif, elle est de .... heures. »)

> *Le salarié pourra être amené à effectuer des heures supplémentaires selon les conditions légales et conventionnelles en vigueur.*
>
> *6- M. .... exercera ses fonctions à .... (préciser le lieu)*
>
> *7- M. .... bénéficiera des congés payés annuels dans les conditions prévues par la convention collective .... (ou bénéficiera de .... jours de congés payés).*
>
> *8- M. .... percevra une rémunération brute de .... (en chiffres et en lettres) par mois, qui lui sera versée à la fin de chaque mois civil.*
>
> *À cette rémunération s'ajouteront .... (préciser le cas échéant l'existence de primes conventionnelles ou individuelles, d'avantages en nature et indemnités, frais professionnels, etc.).*
>
> *9- M. .... bénéficiera de l'ensemble des lois sociales applicables, notamment en matière de sécurité sociale et régimes de retraite complémentaire.*
>
> *La caisse de retraite complémentaire est : .... (nom et adresse)*
>
> *L'organisme de prévoyance est : .... (nom et adresse)*
>
> *Fait en double exemplaire*
>
> À ...., le ....
>
> *(Signatures précédées de la mention manuscrite « lu et approuvé »)*
>
> *Source :* ministère français de l'Emploi, de la Cohésion sociale et de la Solidarité, 2007.[5]

• La raison d'être d'un contrat de travail

L'intérêt économique de ce contrat de travail, par rapport au contrat marchand, peut être abordé selon deux points de vue : d'une part, celui de l'employeur (principal) et, d'autre part, celui de l'employé (agent).

Du point de vue de l'employeur, les avantages économiques de ce contrat peuvent être nombreux. Tout d'abord, il est dans de nombreux cas difficile de rédiger un contrat complet en situation d'incertitude. Cela se manifeste *ex ante* et *ex post* dans la relation contractuelle :

– *ex ante* (avant la signature du contrat), il est difficile de définir les tâches et rémunérations adéquates pour chaque individu. Le contrat de travail permet de limiter de ce point de vue les coûts de mesure ;

– *ex post* (pendant la relation de travail), le besoin de s'adapter à toute nouvelle contingence non anticipée contraindrait à redéfinir les termes de l'accord. Cela pourrait entraîner rapidement un coût excessif de renégociation pour le principal employeur. Dans le cadre d'un contrat de travail, même si certaines contraintes existent (comme par exemple le respect de la fonction pour laquelle la personne est recrutée), il est possible sans renégocier systématiquement d'ajuster le contrat de l'agent employé.

Par ailleurs, dans un système de négociations bilatérales généralisées, un certain nombre de frictions peuvent émerger, non de la relation principal-agent, mais entre agents. Dans la mesure où les performances individuelles

5. Consultable à l'adresse http://www.travail.gouv.fr/sous-dossiers.php3?id_rubrique=156&id_mot=279

sont difficilement vérifiables, leur valorisation sera souvent objet de contestation et de conflit. Il apparaît intuitivement que pour l'employeur il vaut mieux définir des cadres contractuels standards entre les employés qui privilégieront plutôt un principe d'équité (les agents d'un même groupe traités de manière globalement similaire) limitant les comparaisons interindividuelles.

Du point de vue de l'employé, il existe également des avantages à cette formule contractuelle. Cela, à nouveau, se manifeste *ex ante* et *ex post* dans la relation contractuelle :

– *ex ante*, il est difficile pour un agent de définir exactement ce qu'il est capable de faire et, par là même, de tarifer ses actes. Peu d'agents disposent de l'information suffisante pour négocier, en conséquence. Le contrat de travail permet alors à l'agent d'évaluer de manière plus globale la productivité de son effort ;

– *ex post*, beaucoup de tâches sont effectuées au travail dans un groupe. On retrouve ici la difficulté de valorisation liée à l'interconnexion entre performances individuelles et performance collective. Dans le contrat de travail, ce problème est au moins partiellement gommé, dans la mesure où ce travail de mesure est beaucoup plus limité.

Ces arbitrages sont possibles dans la mesure où l'agent employé manifeste une certaine indifférence relativement au contenu exact du travail. On peut retrouver ici le critère de satisfaction, défini par Simon et présenté au chapitre 1, lorsque les individus évaluent leur position dans leur poste.

Au total, il existe plus ou moins implicitement dans le contrat de travail un arbitrage « performance – risque » entre l'employeur et l'employé. Fondamentalement, cet arbitrage signifie que l'employeur assume un risque résiduel (c'est-à-dire un aléa relatif aux évolutions de l'activité) en échange d'une baisse de ses coûts de négociation. L'employé, à l'inverse, accepte de renoncer en partie à son pouvoir de (re)négociation en échange d'une garantie sur un certain flux de revenu.

• Le contrat de travail et la relation de subordination

Si l'on poursuit l'analyse de cet arbitrage, il apparaît que le contrat de travail réalise un échange « effort de travail *versus* rémunération ». Mais, plus fondamentalement encore, il faut comprendre que, dans ce contrat de travail, incomplet et imprécis par nature, l'agent accorde au principal le droit de décider de ses actions futures. Le contrat de travail équivaut à la cession d'un droit de décision. Il intègre en son sein une relation de subordination entre le principal employeur et l'agent employé, relation qui n'existe pas dans les contrats marchands.

Cette subordination par le contrat de travail crée dans l'organisation une hiérarchisation des individus en fonction des postes occupés. Il n'y a pas seulement la cession d'un « droit de faire » mais également d'un « pouvoir de faire ». Ainsi, le système hiérarchique au sein de l'organisation permet une réduction du coût de négociation contre une limitation du risque individuel pour l'employé.

Il importe ici de saisir que, s'il n'y a pas de relation hiérarchique sans relation d'autorité, il peut y avoir relation d'autorité sans relation hiérarchique. Par exemple, celui qui détient un capital en valeurs boursières peut décider d'en déléguer la gestion auprès d'un agent de Bourse qui a toute l'autorité pour le faire fructifier. Ici, il s'agit uniquement d'une relation marchande avec autorité, mais sans subordination.

Encadré 3
La volonté d'entreprendre et ses réalisations

Le contrat de travail offre une relative sécurité – notamment en termes d'espérance de revenus – mais également des contraintes réelles quant à la liberté d'action de l'agent – la relation de subordination. Ces contraintes pèsent sur beaucoup d'individus d'où, dans de nombreux cas, une volonté de leur part d'acquérir un statut d'indépendant. Mais le passage à l'acte est loin d'être automatique. Le tableau 1 est extrait d'une étude sur la volonté d'entreprendre[6]. Ce sondage montre un enthousiasme très fort pour le statut d'indépendant aux États-Unis – considérés comme le pays de la libre entreprise – qui se réalise concrètement dans plus de 40 % de la population active. De ce point de vue, l'esprit entrepreneurial apparaît moins marqué en Europe. Certes des pays comme la Grèce, le Portugal ou l'Irlande manifestent un goût prononcé pour le statut d'indépendant. Mais dans les autres cas, les chiffres sont beaucoup plus bas, marquant une préférence des agents pour le statut d'employé et donc une réduction des risques individuels. La France, ici, est particulièrement peu portée vers la volonté d'entreprendre. Notons, par ailleurs, que les pays nordiques européens – dont les performances économiques sont parmi les plus élevées dans le monde – sont ceux dans lesquels la préférence est la plus marquée pour le statut d'employé. En ce sens, il ne faut pas assimiler automatiquement volonté d'entreprendre et dynamisme économique.

Source : Grilo I. et Irigoyen J.-M. (2006), p. 308.

Tableau 1. Préférences pour être indépendant et situation réelle (en %)

	Préférences		Situation		Nombre (N) d'observations	
Pays	Population totale	Population active	Population totale	Population active	Population totale	Population active
Belgique	36,94	35,34	6,96	15,52	517	232
Danemark	37,53	34,42	8,53	12,99	469	308
Grèce	74,41	75,85	20,04	39,83	469	236
Espagne	64,69	61,26	7,82	19,37	473	191

6. Grilo I. et Irigoyen J.M. (2006), « Entrepreneurship in the EU : To wish and not to be », *Small Business Economics*, 26, p. 305-318.

Pays	Préférences		Situation		Nombre (N) d'observations	
	Population totale	Population active	Population totale	Population active	Population totale	Population active
France	57,58	53,75	5,33	10,28	488	253
Irlande	63,97	68,60	18,42	37,60	494	242
Italie	60,38	65,22	12,71	28,99	472	207
Luxembourg	46,43	47,41	7,56	14,34	476	251
Pays-Bas	41,50	40,30	14,57	21,82	494	330
Autriche	37,66	37,94	8,66	15,81	462	253
Portugal	71,64	71,43	11,94	22,86	469	245
Finlande	27,97	26,04	10,02	16,67	479	288
Suède	33,40	32,80	4,07	7,60	467	250
Royaume-Uni	49,00	49,66	9,40	15,99	500	294
Allemagne (Ouest)	54,80	56,13	9,59	16,73	469	269
Allemagne (Est)	41,56	42,34	6,54	12,50	474	248
USA	70,10	70,97	24,33	42,29	485	279

Source : Flash Eurobarometer 83.

II. Les composantes de la structure d'une organisation

Le contrat de travail permettant de hiérarchiser les relations interindividuelles, l'organisation structure les transactions dans leur ensemble. Cette structuration se construit sur trois éléments de base : l'individu, l'équipe et la hiérarchie. Cette section présente les bénéfices que l'organisation peut attendre d'un effort collectif, par rapport à la simple coordination d'efforts individuels. Ces bénéfices peuvent être évalués au niveau du travail en équipe et au niveau de la décomposition hiérarchique du travail.

A. Le travail en équipe

Quand le travail s'inscrit dans un champ délimité (du point de vue du principal) et quand ce travail pose peu de problèmes de coordination, alors il est plus approprié de traiter l'agent dans une relation bilatérale, que ce soit dans la définition des attentes comme au sujet de la fixation d'une rémunération individuelle.

Quand, en revanche, la coordination entre individus est nécessaire du fait de difficultés informationnelles et que les contributions individuelles sont difficiles à mesurer et à contrôler, alors le recours au travail en équipe devient économiquement préférable.

Graphique 1. Ajustements entre individus et recours à la dimension collective de l'équipe

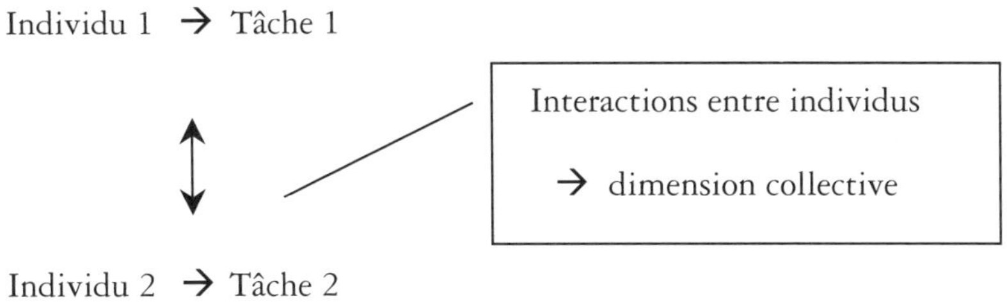

Il s'agit maintenant de voir dans quelle mesure les agents vont plutôt arbitrer entre une organisation en équipe et une organisation hiérarchique.

Le petit exemple suivant permet d'illustrer les facteurs déterminants de l'arbitrage. Prenons le cas d'une équipe de quatre personnes au travail. Tout le monde est sur le même pied d'égalité et chacun travaille *inter pares* (graphique 2).

Graphique 2. Schéma type d'une équipe sans hiérarchie de quatre individus

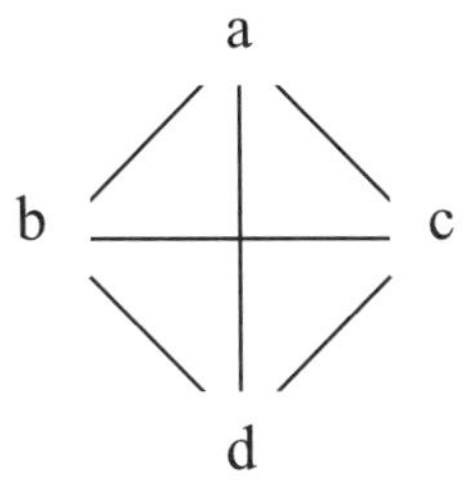

Dans cette équipe, chacun a la capacité d'interagir avec les autres. En présence de quatre agents (a-d), il y a six interactions différentes possibles (comprises comme des canaux d'information), ce qui correspond à $[n.(n-1)]/2$ interactions où n est le nombre d'agents.

Considérons maintenant le cas où les quatre personnes travaillent avec un superviseur. On se trouve alors en présence d'une structure hiérarchique, encore minimaliste (graphique 3).

Graphique 3. Schéma type d'une hiérarchie de quatre individus

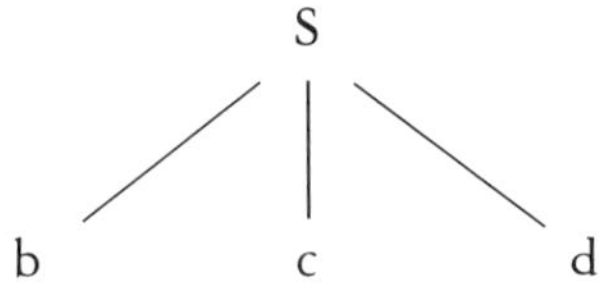

L'introduction d'un **superviseur** fait que chaque agent n'interagit plus qu'avec le superviseur. Dans ce cas, on a toujours le même nombre d'individus (quatre agents dont un chef), mais le nombre d'interactions diminue. On est passé de six interactions en équipe à trois interactions, soit (n – 1) interactions.

On voit que si l'on augmente le nombre d'agents, n, à coordonner, la relation d'autorité permet de réduire significativement le nombre d'interactions possibles (graphique 4). Notons cependant que dans la réalité, même si on se réfère au chef, S, il y a également des relations informelles entre les autres agents, b, c et d (en vue de critiquer le chef par exemple !).

Passer de l'organisation en équipe à l'organisation hiérarchique équivaut à des pertes informationnelles :

– La segmentation entre les individus qu'impose le principe hiérarchique réduit la quantité d'informations échangées entre eux.

– La hiérarchie limite également la qualité de l'information en réduisant son partage entre les individus, partage qui crée une culture commune qu'on appelle couramment « l'esprit d'équipe ».

– Enfin, le temps de travail du supérieur qui est occupé à contrôler et à suivre ses subordonnés n'est pas à proprement parler consacré à la réalisation de tâches.

Graphique 4. Échanges informationnels et nombre d'individus : une comparaison entre organisation en travail hiérarchique et en travail d'équipe

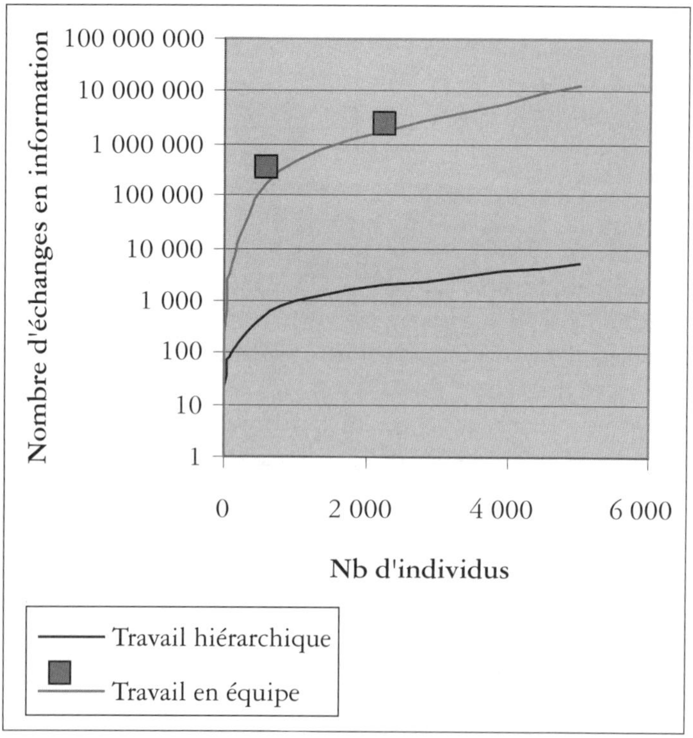

En revanche, la structure en équipe génère d'importants *effets négatifs* :

– La structure en « équipe » favorise la prolifération d'une information redondante. En effet, si a envoie un message à c, si a envoie ce même message à d, et si c le transmet à d, alors d reçoit deux fois l'information et perd ainsi son temps. De plus il est possible que l'information ait été transformée. Pour éviter ce problème, on peut introduire dans l'équipe un principe d'autocensure (par exemple, a informe b, a informe c, b sait qu'il ne doit pas passer le message à c). Du bruit informationnel est néanmoins encore présent : des messages sont émis sans répondre à un objectif précis, ni comme réponse à quelque chose de particulier. L'information et sa diffusion subissent alors des rendements décroissants du fait de notre rationalité limitée. Il y a donc souvent des problèmes de filtrage et de sélection de l'information pertinente pour atteindre les objectifs de l'organisation dans le travail d'équipe.

– Des problèmes de cohérence interne de l'équipe peuvent également se manifester. Comme on se situe dans le champ de l'action, le travail est réalisé en temps limité. Les agents doivent ainsi souvent trouver des solutions à des problèmes urgents. En équipe, pour aboutir à un résultat satisfaisant, les temps de traitement s'allongent. Sans superviseur, il n'y a pas de mécanisme de résolution de conflit et les temps nécessaires à la résolution s'allongent en conséquence. L'introduction du superviseur (hiérarchie) permet par comparaison de limiter les flux d'informations et d'introduire un processus de filtrage. Le critère de filtrage le plus fréquemment employé est une sélection de l'information en fonction de son utilité vis-à-vis des objectifs visés, et ce selon le jugement du superviseur. Il y a un travail d'initiative qui est à prendre en compte chez S : il doit définir et suivre les objectifs et coordonner les agents en fonction des objectifs. S introduit donc dans le groupe un principe de cohérence (principe qui posait un problème antérieurement) et limite le bruit informationnel. Cela découle du fait que S a ce fameux pouvoir de décision que n'ont ni b, ni c, ni d. Plusieurs possibilités peuvent se présenter mais S n'en choisira qu'une et ses subordonnés devront suivre sa décision, ce qui permet un gain de temps et d'efficacité.

Quand le nombre d'agents à coordonner devient grand et que sont mobilisées des tâches multiples et spécialisées, alors on comprend que l'activité de contrôle puisse dépasser les limites d'un seul superviseur. Si n est grand et que S doit tout supporter, il subira une surcharge communicationnelle. Dans ces conditions, on observe une spécialisation supplémentaire du management en niveaux, dénommée décomposition hiérarchique (graphique 5).

Au total, le recours à l'équipe est préférable lorsque les bénéfices du point de vue de l'information et de la motivation sont supérieurs aux coûts de coordination. C'est pourquoi on retrouve les équipes pour les projets (objectifs non ambigus). Dès que l'action est de long terme et implique des actions récurrentes et de nombreux acteurs, la hiérarchie devient plus efficace.

Graphique 5. Spécialisation du management et décomposition hiérarchique

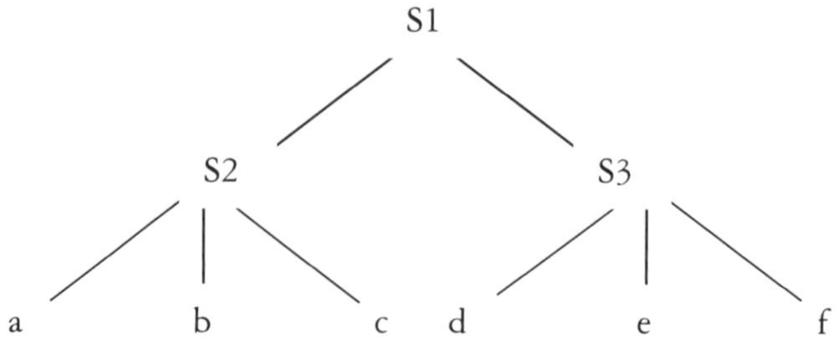

B. Les structurations hiérarchiques

Le recours à la hiérarchie permet de réaliser la décomposition du travail en tâches et sous-tâches et d'en déléguer la responsabilité au niveau organisationnel de départements et d'unités. Le découpage va se faire en fonction de deux principes : 1) le degré de spécialisation des sous-unités de l'organisation et 2) le niveau de décentralisation des décisions.

• Le degré de spécialisation des décisions

La décomposition hiérarchique permet de décliner les objectifs collectifs de l'organisation – qui ne peuvent être traités directement dans un cadre de rationalité limitée – en une séquence de sous-objectifs locaux moins complexes et auxquels les agents peuvent apporter une solution satisfaisante.

Cette opération implique la structuration de l'organisation en groupes et sous-groupes formels. Beaucoup de facteurs peuvent guider cette structuration. Cela dépend de la nature des tâches à accomplir, de la dispersion géographique, des bénéfices espérés de l'expérience, du degré de proximité des différentes tâches entre elles, etc. L'évaluation de ces facteurs va guider les choix des managers quant à la conception de la meilleure répartition du travail qui leur semble réalisable.

Il est en particulier possible de rappeler trois lignes directrices qui encadrent l'évaluation économique du regroupement des tâches :

– Le premier objectif, dans le travail de regroupement des tâches, est la recherche de *réalisations d'économies d'échelle et de champ* ainsi que la recherche de l'effet d'expérience (chapitre 3). Il s'agit ici de profiter des bénéfices de la division du travail et de la spécialisation des employés sur un nombre limité de tâches répétitives (ou qui, du moins, mobilisent de manière récurrente des routines organisationnelles de traitements de problèmes).

– Le deuxième objectif est de *minimiser les coûts de coordination au sein de l'organisation* (chapitre 2), qui résultent directement du choix de spécialisation. On peut ainsi limiter la recherche de spécialisation pour faciliter la communication entre les unités et la flexibilité des employés.

– Le troisième objectif est de *limiter les coûts d'agence et les coûts d'influence* qui sont susceptibles de se développer le long d'une ligne hiérarchique (chapitre 2). Plus cette ligne hiérarchique s'étire en sous-divisions, avec plusieurs niveaux, plus les pertes d'efficience sont possibles et plus les coûts de contrôle deviennent élevés.

Si le découpage organisationnel se construit selon l'évaluation des coûts et des bénéfices de la spécialisation, il faut bien rester conscient qu'il n'existe pas réellement d'instrument de mesure dans ce domaine. En dernier ressort, ce travail reste de la responsabilité des managers en charge de la définition et du suivi des objectifs. Ces choix organisationnels sont le reflet des moyens mis en œuvre pour réaliser les objectifs et c'est sur la réalisation des objectifs que peut être évaluée la pertinence des choix managériaux.

• Le niveau de décentralisation des décisions

Le découpage organisationnel implique en parallèle de déterminer la répartition du pouvoir de décision et la définition de la subordination au sein de l'organisation.

Très concrètement, cela signifie pour tout responsable de lui assigner un périmètre de décision. Il faut définir quand l'agent S2 peut décider de son propre chef ou quand il doit en référer à S1 (graphique 4). Plus les décisions sont prises à un niveau local, plus l'organisation est dite décentralisée. À nouveau, le choix de la décentralisation peut s'évaluer selon une comparaison des bénéfices et des coûts de cette solution.

En termes de bénéfices, la décentralisation dans l'organisation offre de nombreux **avantages** :

– Elle permet de *valoriser au mieux la mobilisation des connaissances*. À un niveau local, les managers disposent généralement sur place du meilleur niveau d'information pour prendre les décisions qui les concernent directement. Par exemple, un agent commercial, en contact direct avec ses clients, est le plus à même de déterminer quel type de rabais il doit réaliser pour le client qui lui fait face.

– Elle permet de *développer des facteurs de motivation supplémentaire* pour les managers locaux, qui disposent de plus grandes marges de manœuvre que dans un système centralisé, et donc, par là même, d'opportunités supplémentaires de se distinguer.

– Elle permet, enfin, d'*économiser le temps des managers* aux niveaux supérieurs, dans la mesure où ils sont déchargés de nombreuses décisions aux niveaux hiérarchiques inférieurs. Cela leur permet de se concentrer sur les tâches qui leur incombent spécifiquement.

Mais la décentralisation peut également générer des **coûts** dans l'organisation :

– En tout premier lieu, elle peut laisser à des managers locaux la capacité de prendre des décisions qui nuisent à la cohérence globale du système. En ce sens, la décentralisation augmente les coûts de coordination entre les différentes unités qui restent interdépendantes.

– La décentralisation peut également introduire des phénomènes de concurrence au sein même de l'organisation. Dans la mesure où les managers locaux sont récompensés en fonction des décisions qu'ils prennent et des résultats qu'ils obtiennent, ils peuvent être tentés de chercher à maximiser leur situation locale au détriment des bénéfices globaux de l'organisation. Compenser ces problèmes implique alors de mettre en place des systèmes coûteux de contrôle organisationnel.

– Enfin, la décentralisation limite naturellement la valorisation d'une information centralisée. La décision locale peut être entachée de biais cognitifs tenant à la spécialisation même du décideur.

Encadré 4
La chute du cabinet d'audit Arthur Andersen et la question de la décentralisation

La décentralisation dans l'organisation peut non seulement engendrer des coûts, mais plus encore conduire à des dysfonctionnements graves dans certains cas, si elle est mal gérée. Un exemple récent et retentissant est la chute en 2002 de l'un des plus grands cabinets mondiaux d'audit, la société Arthur Andersen. Afin d'améliorer sa réactivité et ses performances, les dirigeants de la société avaient engagé dans le milieu des années quatre-vingt-dix un vaste mouvement de décentralisation, à l'issue duquel l'ensemble des responsabilités étaient détenues par les bureaux locaux. Le siège central n'avait plus de prérogatives particulières. Il avait été notamment dépossédé de sa fonction de définition des méthodes d'audit. En ce sens, chaque bureau local prenait la responsabilité non seulement de ses actions mais également des règles de fonctionnement.

Cette situation a ouvert la voie à un dramatique conflit d'intérêts au sein du bureau de Houston dans ses relations avec la société d'énergie Enron. En effet, Enron était le principal client de Arthur Andersen Houston. Ses dirigeants parvinrent à convaincre les auditeurs d'Arthur Andersen de couvrir un certain nombre de malversations financières, ce qu'ils firent afin de maintenir leur principale source de revenus.

Or, dans un système décentralisé à l'extrême, il n'existait plus au sein d'Arthur Andersen de mécanisme organisationnel capable de corriger ce « dysfonctionnement » local. Celui-ci se développa donc jusqu'à ce que le scandale finisse par éclater et emporte dans la tourmente l'ensemble de la société d'audit.

Cette affaire rappelle de manière crue que la raison d'être d'une organisation tend à reposer dans ce rôle centralisateur. Si tout est totalement décentralisé, alors, de fait, pourquoi encore garder le mode collectif et ne pas revenir à la forme marchande ? Si tel avait été le cas, alors c'est le cabinet de Houston, et seulement celui-ci, qui aurait dû fermer ; pas la multinationale Arthur Andersen !

III. Les principales structures organisationnelles

La coordination par la hiérarchie au sein de l'organisation prend des formes variables selon la quantité et la diversité des transactions à coordonner. Un certain nombre d'archétypes ont toutefois été définis, qui correspondent à des structures organisationnelles récurrentes. Il s'agit des structures unitaires, fonctionnelles, multidivisionnelles et matricielles.

A. La structure unitaire (forme U)

La structure unitaire (dite forme U) d'une organisation se présente selon un schéma relativement simple : elle repose sur une distribution entre supérieur hiérarchique et subordonnés, le premier exerçant un contrôle sur les autres. Cette forme embryonnaire de décomposition hiérarchique est encore proche de la structure en équipe (graphique 5).

Graphique 5. La forme U

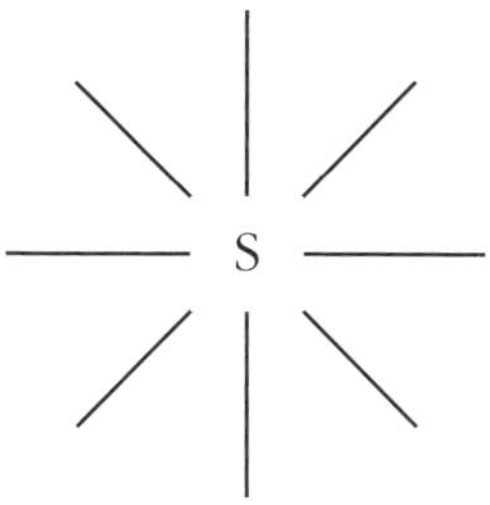

Cette structure unitaire est généralement la forme dominante dans les petites entreprises, dans lesquelles le dirigeant, qui est le souvent le créateur et le propriétaire, contrôle l'ensemble de l'entreprise et de ses employés.

Avec un nombre réduit d'individus, cette forme unitaire conserve les bénéfices de la structure en équipe, à savoir une forte réactivité et une intense communication interne qui permettent de s'ajuster rapidement aux contingences. En revanche, un certain nombre d'inconvénients existent également. En premier lieu, ce type de structure peu formalisée produit, parfois, des frontières floues dans la définition des rôles de chacun, source de possibles redondances et de conflits entre agents. En second lieu, les coûts de communication deviennent rapidement très importants dès que le nombre de personnes impliquées augmente.

B. La structure fonctionnelle

La structure fonctionnelle est construite à partir des fonctions principales d'une organisation (dans le graphique, il s'agit du cas type d'une entreprise de production). Elle se rencontre dans les entreprises de taille moyenne et les entreprises très spécialisées. Cette structure permet de définir clairement les tâches et les responsabilités de chacun. Elle favorise le jeu de la spécialisation du travail. Enfin, ce découpage fonctionnel permet au supérieur de garder une vue panoramique de l'ensemble et d'en assurer la cohérence. En revanche, un certain nombre de **difficultés** peuvent se manifester dans l'organisation.

– Tout d'abord, un *manque de coordination* risque d'apparaître entre les différentes fonctions. Chacun poursuivant des sous-objectifs propres, ceux-ci peuvent se révéler, si ce n'est contradictoires, du moins mal ajustés. L'échelon supérieur n'a pas toujours la capacité de corriger ces dysfonctionnements du fait de problèmes informationnels. Dans une structure favorisant la spécialisation, les agents au niveau fonctionnel peuvent profiter d'informations privées pour développer leur position individuelle. Les coûts d'influence sont donc potentiellement élevés.

– Également, cette structure fonctionnelle ne permet pas réellement de gérer la variété et, donc, de tirer bénéfice des économies de champ. Au niveau supérieur, cette structure tend à *accaparer le temps des dirigeants* vers la gestion de problèmes opérationnels routiniers au détriment des orientations plus stratégiques de l'organisation.

Graphique 6. Un exemple de structure fonctionnelle

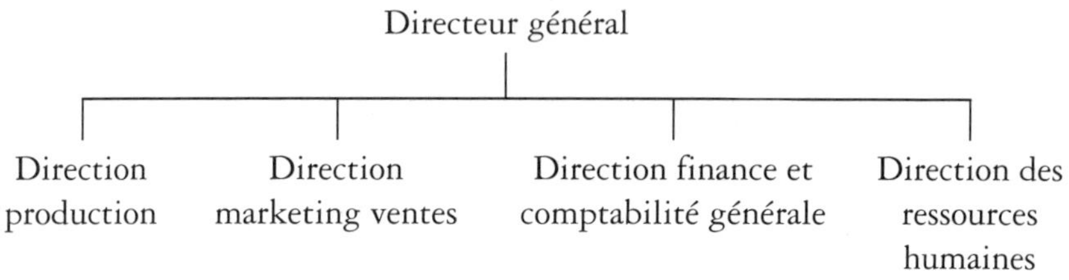

C. La structure multidivisionnelle

La structure multidivisionnelle est composée de départements ou divisions. Il s'agit d'unités qui séparent des lignes de produits, de services, ou des zones géographiques (graphique 7). L'émergence de cette forme d'organisation provient du besoin de gestion de la variété. Quand l'entreprise se diversifie, elle devient multidivisionnelle. Chaque activité se base sur son métier alors que la direction générale se focalise sur les objectifs généraux. Chaque division se construit généralement en interne sur une structure fonctionnelle.

Graphique 7. La forme multidivisionnelle

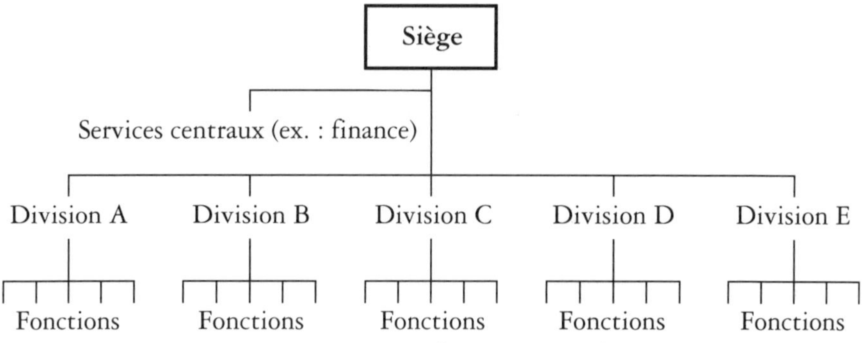

Cette structure présente de nombreux **avantages** lorsqu'il s'agit de gérer un ensemble complexe de transactions.

– Elle permet de *segmenter clairement l'organisation en deux niveaux de responsabilités* : un niveau opérationnel (les divisions) qui gère l'ensemble des questions propres à chaque activité ; un niveau stratégique qui assure le suivi des performances de chaque activité et permet aux dirigeants de se concentrer sur les orientations stratégiques.

– Un autre avantage de cette structure est de permettre la *mise en place d'un « marché interne des capitaux »*. Les dirigeants pourront décider des réallocations de capitaux d'une activité à une autre en fonction des perspectives d'avenir qu'ils perçoivent. L'exemple de la matrice BCG, présentée au chapitre précédent, est un cas typique d'arbitrage réalisable grâce à la structure multidivisionnelle.

– Enfin, cette segmentation entre niveaux opérationnels et stratégiques facilite la *construction de compétences* en termes de management.

En revanche, ce type de structure peut générer des coûts bureaucratiques élevés susceptibles de nuire à l'efficience globale de la structure. Ces coûts bureaucratiques sont la conséquence directe des besoins technocratiques de la superstructure pour piloter l'ensemble de l'organisation.

Encadré 5
Le cas de la structure matricielle

Dans un nombre important d'organisations multidivisionnelles, il est apparu nécessaire de superposer à la ligne de coordination verticale une ligne horizontale (voire plusieurs). La conjonction de lignes de coordination verticales et horizontales crée ce que l'on appelle la structure matricielle. Celle-ci peut répondre à des objectifs limités dans le temps (la mise en place d'un projet, par exemple) ou exercer une fonction durable. Cette structure matricielle est très présente dans les grandes sociétés multinationales qui doivent gérer non seulement une coordination par activités, mais également par zone géographique. Un groupe comme Danone, par exemple, est mondialement actif dans trois grandes activités : les produits frais laitiers, les boissons et les biscuits. Outre des responsables par produits, Danone doit également disposer de responsables géographiques qui, par exemple, coordonneront les relations du groupe avec les distributeurs locaux.

Si cette structure permet d'améliorer la réactivité de la structure multidivisionnelle, ainsi que la valorisation de l'information locale, elle n'est pas sans générer potentiellement des sources de conflit ou, pour le moins, des effets de « réunionite » aiguë !

D. La structure en holding

La holding est également dénommée « société en conglomérat ». Il s'agit d'une société d'investissements qui détient en tout ou en partie les capitaux de diverses entreprises. Les organisations sont liées du point de vue financier mais restent indépendantes du point de vue de la gestion. Cette forme conglomérale représente ici une « pure » forme de marché interne des capitaux, dans laquelle l'efficacité économique tient à la capacité des dirigeants à réaliser de meilleures allocations que celles que pourraient réaliser, comparativement, les marchés financiers.

Graphique 8. La stucture en holding

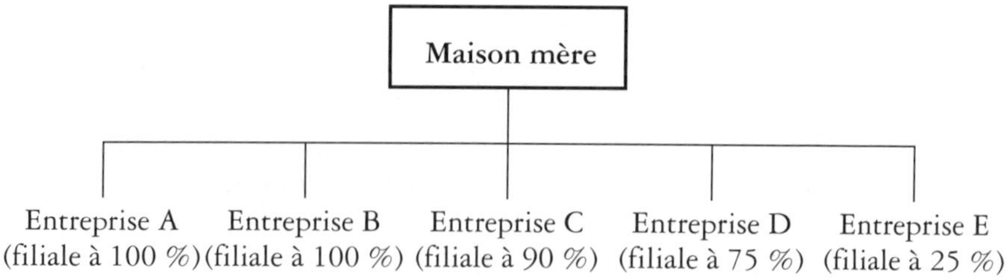

Du fait de ce mode de fonctionnement, ce type de structure évolue constamment en termes de périmètre (les entrées et sorties de sociétés sont fréquentes). Par ailleurs, l'existence des sociétés en holding tient souvent à la personnalité des dirigeants, alors que la cohérence d'ensemble ne repose guère sur une rationalité économique, telle que celle exposée dans le chapitre précédent.

Encadré 6

Le groupe Bouygues, un exemple de structure conglomérale en 2007

De nombreux groupes sont organisés sous forme de holding. Parmi de multiples exemples, citons les cas de General Electric, Virgin ou, en France, de LVMH, PPR ou Bouygues. Concernant ce dernier, le graphique 9 reproduit l'organigramme simplifié du groupe.

Graphique 9. Organigramme simplifié du groupe Bouygues

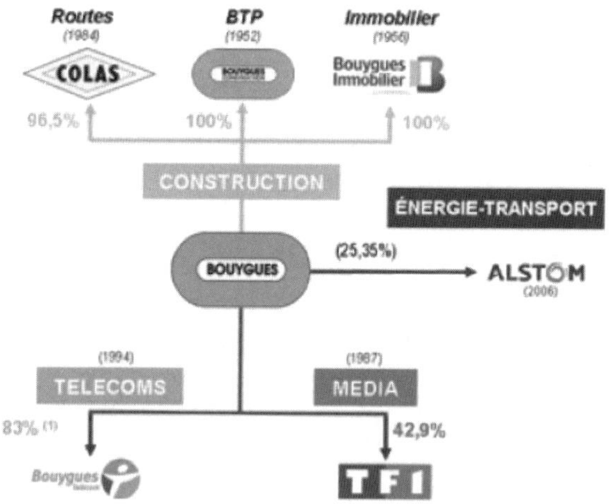

(1) 89,5 % consolidés depuis juin 2005 (note du site).

Source : http://www.bouygues.fr/fr/groupe/orga.asp, au 27 février 2007.

Les pourcentages indiquent la participation de la maison mère (« Bouygues ») dans les différentes sociétés du groupe qui composent les branches construction, télécoms, médias et peut-être bientôt énergie-transport.

L'analyse de ces différentes structures organisationnelles montre en quelque sorte un traitement croissant de la complexité de la coordination entre agents économiques. Cette complexité va dépendre de nombreux facteurs, dont la nature des transactions réalisées, le nombre d'individus impliqués ou la durée des engagements.

Quelle que soit la forme organisationnelle qui émerge, elle doit maintenir un équilibre entre deux principes qui peuvent apparaître contradictoires mais qui impulsent une dynamique au système. C'est ce que deux théoriciens des organisations, Paul Lawrence et Jay Lorsch, ont décrit comme les **principes de différenciation et d'intégration**[7] :

1. Lawrence et Lorsch notent la recherche de bénéfices issus de la spécialisation du travail. Le fait de répartir les tâches entre sous-unités – ce que les auteurs appellent la « différenciation » – permet de réaliser des gains de productivité. En revanche, la fixation de sous-optima locaux tend à induire un manque de cohérence globale. La spécialisation introduit des biais cognitifs (les agents interprètent le monde et décident selon leur information et leur intérêt, qui dépendent de leur spécialisation), des difficultés de communication entre unités et des conflits sur les priorités et les décisions à prendre. Ces difficultés peuvent ruiner les gains espérés de la différenciation.

2. Afin de contrebalancer les effets pervers de la différenciation, l'organisation doit mobiliser une force d'« intégration » qui va maintenir une cohérence d'ensemble à l'action des agents dans une perspective de réalisation d'objectifs globaux. Il s'agit de la ligne hiérarchique qui porte la dynamique de centralisation de l'organisation. Aux différents échelons décisionnels, les managers assurent cette coordination entre sous-unités aux niveaux horizontal (entre pairs) mais également vertical (entre supérieurs et subordonnés) et prennent les mesures adaptatives et correctives qui s'imposent.

Il y a une apparente contradiction entre ces deux principes dans la mesure où le premier principe pousse à la décentralisation et le second à la centralisation et où les avantages de l'un sont les inconvénients de l'autre, et réciproquement. Mais c'est fondamentalement dans cette dialectique que l'organisation trouve sa dynamique et permet de mener à bien des transactions que, pour le dire une fois encore, le marché échouerait à réaliser.

---

7. Lawrence P. and Lorsch J. (1968), *Organization and Environment*, University of California Press ; (1994), *Adapter les structures de l'entreprise. Intégration ou différenciation*, traduction française, Éditions d'Organisation.

Chapitre 5

La motivation et le suivi des performances dans l'organisation

Si l'organisation permet aux agents économiques de réaliser des transactions dont les coûts seraient plus élevés, voire impossibles, par coordination marchande, le recours à la solution collective présente en soi un système moins incitatif, dans la mesure où il crée un écart entre effort et récompense au niveau des individus. Cet écart peut se traduire par une série de dysfonctionnements organisationnels : faible motivation des employés à l'effort d'une part ; faible motivation à investir dans les compétences et savoir-faire propres à leur poste – ce qu'on appelle le capital humain – d'autre part.

Plusieurs voies ont été définies pour tenter de réduire ces dysfonctionnements. En premier, il est possible de définir au niveau salarial des structures incitatives qui vont favoriser un meilleur ajustement, c'est-à-dire un comportement maximisateur de la part de l'agent qui converge avec les intérêts du principal. Il est également possible de rémunérer le capital humain pour en favoriser le développement à travers la recherche d'une certaine stabilité des employés (I).

Un tel système de motivation, toutefois, n'est crédible que dans la mesure où il s'adosse à un mécanisme efficace de suivi des performances des agents. Ce dernier, par rapport au système d'incitants, doit être comme l'autre face d'une pièce de monnaie (II).

Enfin, une analyse des limites de ces facteurs de motivation individuelle, que ce soit au niveau théorique ou pratique, est nécessaire (III).

I. La définition d'une structure incitative

La première question clef qui se pose dans l'organisation est de définir les modalités de récompenses de l'effort produit par les agents impliqués en son sein.

Dans un système collectif où le lien entre effort et récompense individuels se distend, il s'agit de dessiner des mécanismes incitatifs qui limitent les dysfonctionnements que cet écart peut susciter.

A. Le principe des incitations dans les organisations

Dans la relation d'agence en général, et dans la relation employeur-employé en particulier, il existe des problèmes d'incitations issus du fait que les parties prenantes ne poursuivent pas les mêmes objectifs. Les situations concrètes sont multiples. Par exemple, le propriétaire qui bâtit sa maison rêve d'un logement confortable et fonctionnel. Son architecte, en revanche, rêve de se distinguer dans la profession en gagnant un prix décerné par ses pairs. Une divergence entre les attentes de l'un et les aspirations de l'autre peut en résulter, sous la forme d'une belle maison... inhabitable ! Autre exemple : l'employeur d'une société de services informatiques attend de ses informaticiens la production rapide de logiciels pour ses clients. Les informaticiens, en revanche, peuvent préférer consacrer du temps aux phases de programmation et de développement des logiciels. Ils peuvent ainsi mieux satisfaire leurs ambitions intellectuelles et mieux valoriser leurs compétences auprès de leurs collègues.

Cette divergence d'intérêt se cristallise fondamentalement entre le principal et l'agent dans la question de la rémunération, c'est-à-dire du transfert monétaire (et éventuellement non monétaire) effectué en contrepartie d'un travail. De fait, de manière un peu schématique, on peut dire que l'intérêt du principal est d'obtenir que l'agent en fasse le plus possible pour la somme versée alors que l'intérêt de cet agent est exactement inverse. La difficulté tient à ce que l'objet économique soit ici non pas un produit, mais un effort, soit du temps consacré par l'agent pour la réalisation d'une tâche demandée par le principal. En ce sens, le principal achète le travail de l'agent sans savoir précisément dans quelle mesure il sera à même de réaliser les attentes.

• Un modèle de base de rémunération de l'agent en information complète

Il importe à ce stade de distinguer le niveau d'information dont dispose le principal quant à l'effort réel de l'agent. Partons du modèle de base dans lequel le principal possède une information complète sur l'effort de l'agent.

– Il connaît en premier lieu **les préférences de son employé**. Celles-ci s'expriment sous la forme d'une fonction d'utilité. À titre d'exemple, imaginons que l'employé ait la fonction d'utilité suivante : $U = I - e^2$, où I représente le revenu versé et e l'effort consacré au travail. La variable « e » se mesure en nombre d'unités d'effort que l'agent fournit, par exemple un nombre d'heures. Plus la quantité d'effort produit est élevée, plus celle-ci tend à devenir pénible pour l'agent, ce qui se traduit par le facteur carré dans l'égalité.

– Considérons, à titre illustratif, que l'agent fixe sa **fonction d'utilité** à un prix de réservation de 600 euros, c'est-à-dire la somme en dessous de laquelle il n'acceptera pas de travailler. Nous avons donc :

$$U = I - e^2 \text{ et } U = 600$$

Si cette somme représente la valeur que l'agent accepte pour travailler, le principal, pour sa part, doit assumer un coût C équivalent au salaire I versé. Donc,

$$C = I \text{ ou } C = U + e^2$$

– En échange, pour chaque unité de travail de l'agent, le principal bénéficie d'un **revenu** R tel que $R = \beta.e$, où β est la rémunération marginale du travail (ce que chaque unité de travail de l'agent apporte au principal).

– Le **profit** que le principal tire du travail de l'agent est logiquement la différence entre le revenu issu de son travail et le coût de rémunération, soit :

$$\Pi = R - C$$

$$\Pi = \beta.e - (U + e^2)$$

– Dans ces conditions, le principal peut choisir le **niveau d'effort** qui maximisera le profit qu'il extrait de l'effort de l'agent, toujours selon le même principe de calcul marginal où le profit est maximisé lorsque la dérivée première est égale à zéro :

$$d\Pi \,/\, e = 0 \text{ soit,}$$

$$0 = \beta - 2\,e \text{ ou } e = \beta/2$$

– Si l'on poursuit l'exemple numérique où $U = 600$ et avec $\beta = 50$, on obtient alors un résultat de $e = 25$.

En conséquence, dans cet exemple, l'agent touche un **salaire** de $600 + 25^2$, soit 1 225 euros.

Le principal pour sa part engrange un **bénéfice** de 1 250 – 1 225, soit 25 euros pour le travail de son agent.

Ce modèle repose sur une hypothèse simplificatrice forte, à savoir que le comportement de l'agent est parfaitement observable par le principal et donc n'implique aucun coût supplémentaire de surveillance ou de gestion. Un certain nombre de situations réelles peuvent correspondre relativement à cette situation. Le travail de l'ouvrier spécialisé sur la chaîne de production est un exemple célèbre. Les agents de caisse dans les grands magasins peuvent également être rémunérés à partir d'une observation directe de leur effort.

• Un modèle de rémunération de l'agent en information incomplète

Dans la plupart des cas, cependant, l'effort de l'agent n'est en réalité que partiellement observable. Comment, en effet, évaluer une quantité d'effort pour un agent de bureau, un vendeur de voitures ou un chercheur dans un laboratoire ? Le temps passé est certes une dimension importante mais très réductrice et limitative de l'effort. Il donne une évaluation d'une présence en un lieu, ou de la mise à disposition de l'agent. Mais il ne renseigne que peu sur les actions réellement menées pour le principal. Qu'importe l'effort, diront certains, pourvu qu'on ait le résultat ! L'adage serait pertinent s'il était toujours possible d'inférer une relation directe entre l'action et le résultat de l'action. Or, dans beaucoup de cas, cette relation est complexe et brouille la relation. On peut noter en particulier les difficultés suivantes :

– D'une part, l'**évaluation du résultat** est elle-même difficile à mener. Comment définir la production d'un chercheur, d'un employé de bureau ou d'un agent commercial ? Il est particulièrement ardu de définir *a priori* les attentes du principal comme de déterminer *a posteriori* les réalisations de l'agent (le chercheur a-t-il trop ou pas assez trouvé ?).

– D'autre part, l'agent peut, quels que soient ses efforts, n'avoir qu'une emprise limitée sur le **résultat de son effort**. Il peut en effet être engagé dans un processus de travail collectif qui crée une interdépendance entre agents (une équipe de déménageurs ou de footballeurs, par exemple). Son travail peut également être affecté par un ensemble de contingences vis-à-vis desquelles il n'a que peu de marges de manœuvre. Les ventes d'un agent commercial, ainsi, dépendent fortement de la conjoncture et des comportements des concurrents. Les progrès d'un chercheur seront partiellement conditionnés par l'évolution générale des connaissances dans son domaine et par son intégration dans la communauté scientifique.

Cette difficulté d'observation introduit un élément de conflit entre les deux parties. Le principal peut avoir tendance à penser qu'il rémunère trop l'agent, et ce dernier peut s'estimer sous-payé pour le travail qu'il fournit. Il s'agit alors de définir un mode de rémunération qui permette de mieux faire converger les incitations des uns et des autres.

Une possibilité pour limiter les problèmes d'incitation consiste en la **réalisation d'un transfert de droits de propriété du principal vers l'agent**. Dans cette hypothèse, l'agent assume en totalité à la fois les coûts et les bénéfices de ses actions. Il va alors adapter de manière rationnelle un comportement de maximisation de son profit. Le principal peut en conséquence lui céder les droits de propriété à un prix P_r qui lui permet lui-même d'obtenir le profit maximum.

Si l'on poursuit l'exemple précédent, on peut repartir de la fonction d'utilité : $U = I - e^2$ ou $U = (\beta e - P_r) - e^2$.

La fonction d'utilité est maximisée dans la mesure où sa dérivée vis-à-vis de e est nulle, soit : Max (U) quand $dU/e = 0$, où $\beta e - 2\,e = 0$, soit, $e = \beta/2$.

Selon les données numériques déjà utilisées, $e = 25$ et pour $U = 600$, alors $P_r = 650$ euros.

Pour un prix de 650 euros, le principal peut donc céder ses droits de propriété à l'agent et obtenir en échange de sa part un effort maximal.

Concrètement, un tel processus correspond à une **décision d'externalisation** de la part du principal. Elle se traduit par le passage d'une relation d'emploi à une relation marchande ou, dit autrement, selon les catégories précédentes, d'une relation de subordination à une relation de délégation. Cette externalisation permet de mettre en place les incitants de marché qui favorisent les comportements de maximisation. En revanche, sa faisabilité dépend d'un certain nombre de **conditions** :

– En premier lieu, comme indiqué précédemment, introduire un mode marchand, c'est également **assumer des coûts de transaction positifs** (voir chapitre 2). Si ceux-ci s'élèvent de manière substantielle, alors ils excéderont les bénéfices de l'externalisation en termes d'incitation. Lorsque, en particulier, la spécificité des actifs ou les difficultés de mesure sont importantes, la solution marchande risquera de ne pas pouvoir être mise en place de manière efficiente.

– En deuxième lieu, les agents économiques peuvent être limités dans leurs choix par une **contrainte de richesse**. Le droit d'entrée (I) qu'il leur faut acquitter auprès du principal peut dans de nombreux cas excéder leurs capacités de financement.

– En troisième lieu, les agents font souvent preuve d'une **aversion au risque**. Transférer les droits de propriété à l'agent, c'est également lui faire supporter les risques directs de ses décisions et de ses actions, c'est-à-dire en particulier assumer les aléas liés aux revenus. Or les agents, à travers le statut d'employé, recherchent souvent une réduction des risques par un lissage intertemporel de leurs revenus financiers. Une connaissance sûre des revenus sur les périodes futures permet en effet à l'employé de planifier ses propres dépenses (achat immobilier, acquisition de biens d'équipement, dépenses de consommation, voyages, etc.) et de fixer son taux d'épargne en fonction de ses préférences. Par ailleurs, il ne possède généralement qu'une source de revenu et n'a donc pas la possibilité de diversifier ses risques.

Encadré 1

Le transfert de droit de propriété, concrètement

Dans la pratique, il existe un certain nombre de méthodes pour réaliser le transfert des droits de propriété. En voici, à titre d'exemples, deux :

• **Le rachat d'entreprise par le management, ou *management buy out* (MBO).** Il y a MBO lorsque le management d'une entreprise acquiert une majorité de contrôle dans cette entreprise. Au sens strict, le terme *management buy out* est utilisé lorsque les repreneurs financent eux-mêmes une partie importante de la reprise avec du capital propre. Les MBOs peuvent permettre la reprise des entreprises familiales, lorsque les créateurs quittent l'entreprise. Ils peuvent représenter également une voie de sortie pour les investisseurs financiers qui souhaitent quitter le capital d'une entreprise. Ces opérations ne sont pas négligeables puisque, en Europe, elles se sont élevées à 44,4 milliards d'euros en 2002[1].

---

1. Selon un rapport du cabinet Deloitte, téléchargeable à l'adresse http://www.deloitte.com/dtt/cda/doc/content/CMBOR %2520Buyout %2520Review %25202003.pdf

• **La franchise est un accord contractuel qui lie des entreprises indépendantes.** Selon les informations, en 2006, du ministère des Petites et Moyennes Entreprises, du Commerce, de l'Artisanat et des Professions libérales[2], « les accords de franchise consistent en des licences de droits de propriété intellectuelle concernant des marques, des signes distinctifs ou du savoir-faire pour la vente et la distribution de biens ou de services. L'accord de franchise est donc un contrat de distribution qui associe une entreprise, propriétaire d'une marque ou d'une enseigne, le franchiseur, à un ou plusieurs commerçants indépendants, les franchisés. En contrepartie d'une rémunération directe ou indirecte, le franchiseur met à la disposition du franchisé sa marque et/ou son enseigne, ses produits, son savoir-faire et une assistance technique. La franchise n'est pas définie par un statut juridique particulier : il s'agit d'une relation contractuelle qui, pour fonctionner normalement, doit comporter un certain nombre d'obligations. Elle se caractérise notamment par : 1) la propriété ou le droit d'usage de signes de ralliement de la clientèle par le franchiseur : marque de fabrique, de commerce ou de service, enseigne, raison sociale, nom commercial, sigles, symboles, logos ; 2) la transmission par le franchiseur de son expérience et de son savoir-faire au franchisé. Traditionnellement, le savoir-faire consiste en un ensemble d'informations pratiques non brevetées, résultant de l'expérience du franchiseur. Il doit être testé par celui-ci, et être secret, substantiel et identifié ; 3) la fourniture par le franchiseur au franchisé d'une assistance commerciale ou technique pendant toute la durée de validité du contrat ».

Le principal peut donc se trouver face à un **dilemme** dans la rémunération de son agent :

– soit il le rémunère de manière marchande pour maintenir les incitants à l'effort, mais avec un fort risque d'externalités négatives, voire de refus de contracter de la part de l'agent ;

– soit il rémunère l'agent sur la base d'un salaire régulier, mais avec un risque fort de désajustement des incitants – le principal n'observant qu'imparfaitement l'effort de l'agent.

Afin de sortir de ce dilemme, il est possible de développer des schémas de rémunération qui permettent de prendre en compte d'une part l'aversion au risque de l'agent et d'autre part la recherche de maximisation de l'effort du principal.

À cet effet, il est raisonnable de partir du principe que le travail de l'agent (W) dépend de son effort (e) et d'un ensemble de contingences sur lesquelles l'agent n'a pas de prises (μ). On a donc une décomposition du travail de l'agent de la forme suivante :

$$W = \beta e + \mu \text{ , où}$$

β représente toujours la productivité marginale de l'agent et μ un facteur aléatoire.

2. Informations consultables plus en détail sur : http://www.pme.gouv.fr/informations/guide-com/telechar/franchise/fran1.html

Comme les aléas peuvent jouer une fois en faveur de l'agent, une autre fois en sa défaveur, il est possible de considérer ici que μ est d'espérance nulle. Simplement, le principal n'a pas la possibilité de distinguer dans le travail W de l'agent la part de « e » de celle de « μ ». Il ne peut donc pas récompenser l'agent en fonction de son seul effort et ce dernier dispose d'une zone d'opportunité dans laquelle un « mauvais comportement » (par rapport aux attentes du principal) peut être mis au compte de l'aléa. En revanche, le principal peut choisir de rémunérer l'agent en fonction de ses résultats. Celui-ci, ayant pour sa part le contrôle sur son effort, sera ainsi incité à fixer celui-ci au niveau qui lui permettra de maximiser son propre profit.

Soit, donc, une *rémunération* de la forme :

$$R = W_0 + \alpha W, \text{ avec } 0 \leqslant \alpha \geqslant 1.$$

Le principal donne à son agent un *salaire fixe* (W_0) ainsi qu'une *partie variable* proportionnelle aux résultats (α). Ce schéma de rémunération peut être réécrit en fonction de l'effort de l'agent :

$$R = W_0 + \alpha\,(\beta\, e + \mu)$$

Considérant le *coût de l'effort de l'agent* (e^2), le principal est à même d'évaluer le niveau d'effort que l'agent choisira afin de maximiser son profit personnel (π_A). De fait, on aura :

$$\pi_A = [W_0 + \alpha\,(\beta\, e + \mu)] - e^2.$$

Il maximisera donc son effort en sorte que :

$$d\,\pi_A / e = 0, \text{ soit } \alpha\,\beta - e = 0, \text{ ou } e = \alpha\,\beta / 2.$$

Dans la suite des exemples numériques précédents, pour une proportion α de 0,4, on obtient $e = 10$.

En conséquence, la *rémunération de l'employé* est : $R = [600 + 0{,}4\,(50 \times 10 + 0)]$. $R =$ 800 euros.

Dans ce cas, le principal obtient le *profit* suivant π_P :

$$\pi_P = (40 + 10) \times 50 - 800$$

$$\pi_P = 1\ 700$$

On estime en effet que le salaire de base permet d'espérer une quarantaine d'unités d'effort (seuil en deçà duquel la tricherie de l'agent serait observable) et que l'effort additionnel consenti est de 10 unités. On note par là même que l'organisation paye le salarié plus que dans la formule au salaire fixe seul mais augmente également son profit (de 300, car il serait de $40 \times 50 - 600 = 1\ 400$ en fixe).

Graphique 1. Variations des incitants et effort au travail

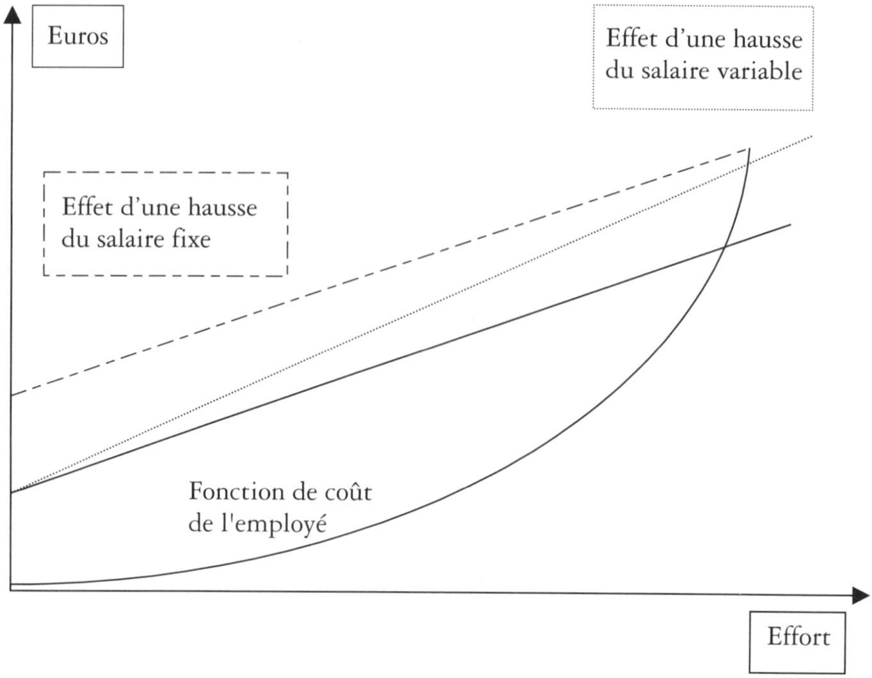

Ces résultats appellent quelques remarques complémentaires quant à la **politique de rémunération** et au **partage entre partie fixe et partie variable** (graphique 1).

• D'abord, il apparaît que le *niveau d'effort de l'agent est déterminé indifféremment du montant fixe versé.* Autrement dit, l'augmentation de la rémunération de l'agent n'a pas d'influence sur son niveau d'effort au travail, à moins qu'elle ne soit explicitement liée à ses résultats. Mais cela signifie-t-il à l'inverse que le principal a intérêt à réduire le plus possible la partie fixe au profit du variable ? La réponse est négative. De fait, un agent préférera pour la même rémunération un emploi ne requérant pas d'effort supplémentaire. Cette rémunération fixe un seuil en deçà duquel l'agent préférera renoncer à l'emploi. Sur la base des calculs précédents, l'agent sera ainsi indifférent entre un salaire entièrement fixe de 600 euros et un salaire fixe plus 10 unités d'effort supplémentaire représentant une rémunération espérée de 700 euros.

• L'analyse montre ensuite que l'*effort de l'agent est fortement conditionné par le coefficient α d'appropriation individuelle des revenus.* Plus ce coefficient est élevé, plus il permet à l'agent de profiter personnellement de ses efforts. À l'extrême, si ce coefficient est égal à 1, l'agent peut se retrouver *de facto* dans la situation précédente de transfert de droit de propriété, avec un salaire fixe négatif (le ticket d'entrée pour acquérir le droit d'utilisation des titres de propriété).

• Pour que cette structure salariale en deux parties soit envisageable de manière crédible, il *faut également que le facteur aléatoire μ représente une part* *relativement faible dans le travail de l'agent*. Sinon il ne lui sera pas possible d'ajuster son effort en fonction du retour attendu. De ce point de vue, on peut être amené à s'interroger sur le bien-fondé des politiques de primes qui sont extrêmement répandues dans beaucoup de métiers. Si les agents ne peuvent atteindre leurs objectifs malgré leurs efforts, alors ils risquent rapidement d'être découragés – et non plus motivés – par de tels mécanismes. Nombre d'entreprises ont dû notamment réviser les systèmes de stock options après le retournement boursier de l'année 2000. La déconnexion entre l'effort de leurs managers et les résultats boursiers avait pris une proportion telle que ceux-ci ne pouvaient plus guère espérer les réaliser dans un avenir proche.

• Enfin, si l'effort est difficilement observable, le principal doit au moins pouvoir être en mesure d'*estimer de manière satisfaisante la production de son agent*, ce qui, dans nombre de cas, ne va pas de soi. Par exemple, il est relativement aisé d'établir cette relation pour un enseignant chercheur. Si, pour son employeur, il est assez difficile de déterminer ce qu'il fait concrètement dans sa journée, il peut lui demander en fin d'année un bilan de ses activités. L'évaluation des enseignements d'une part, les publications de ses travaux de recherche d'autre part, fournissent les résultats facilement observables de son travail. Mais, dans de nombreux autres cas, l'évaluation du travail de l'employé ne peut de manière pertinente se résumer dans un rapport annuel. Il est alors préférable d'associer le schéma de récompense au niveau où la définition du résultat est la plus identifiable : l'équipe, l'unité ou la direction de l'organisation ou l'entreprise dans son ensemble – pour reprendre les principales catégories.

• Une dernière difficulté fréquemment rencontrée mérite d'être soulignée. De fait, nous avons jusqu'ici très largement considéré que l'agent ne réalisait qu'une seule et unique tâche et qu'il était rémunéré en fonction de sa réalisation. Or, très souvent, les agents détiennent des postes dans lesquels ils sont responsables de différentes tâches. Le principal doit donc, normalement, *rémunérer de manière équilibrée l'agent en fonction de ses attentes et du poids relatif qu'il accorde à chacune des tâches*. Du point de vue théorique, le problème peut être résolu en définissant des coefficients qui permettent de pondérer les incitants relatifs à chacune des tâches[3]. Dans la pratique, ce travail est toujours délicat à réaliser et demande un constant souci de réévaluation et d'ajustement. Une mauvaise pondération peut non seulement conduire à des résultats sous-optimaux, mais aussi, dans certains cas, à des défaillances retentissantes. La chute du cabinet d'audit Arthur Andersen, il y a quelques années, a ainsi donné un éclairage tout particulier à cette problématique (encadré 2).

---

3. Holmstrom B. et Milgrom P. (1991), « Multitask Principal-Agent Analyses : Incentive Contracts, Asset Ownership, and Job Design », *Journal of Law, Economics and Organization*, 7(0), p. 24-52.

Encadré 2
La chute d'Arthur Andersen et le problème de la qualité de l'audit

La chute du cabinet Arthur Andersen illustre parfaitement les problèmes de décentralisation (voir chapitre 4). Un autre dysfonctionnement est apparu, au niveau individuel cette fois. Afin d'améliorer les performances financières de la société, les dirigeants imposèrent pour les auditeurs la règle « 2X ». Autrement dit, pour un revenu en audit de 100 dollars, chaque auditeur (de niveau partenaire) devait être capable de générer au moins 200 dollars de revenus supplémentaires dans des activités autres – principalement du conseil. Son revenu annuel serait proportionné à sa capacité de développer le chiffre d'affaires. Cette règle paraît extrêmement incitative pour les auditeurs – et concrètement elle le fut, permettant d'augmenter substantiellement le chiffre d'affaires d'Arthur Andersen. Mais cela introduisit également un déséquilibre entre les différentes tâches des auditeurs. S'il est aisé d'évaluer les revenus qui sont générés (il suffit de compter les dollars !), il est beaucoup plus difficile de quantifier la qualité du travail d'audit. Comment en effet valoriser une heure passée à vérifier les comptes, et surtout, comment justifier qu'il faut passer une heure plutôt que quarante minutes ? La tentation est grande, alors, d'économiser sur le temps passé ainsi pour le consacrer à des tâches plus lucratives. Mais, à terme, cela signifie réduire la qualité de l'audit et donc augmenter les risques d'erreurs et de fautes. Lorsque, comme ici, les agents sont multitâches, ce sont celles qui sont le plus facilement mesurables qui tendent à l'emporter et à déséquilibrer le travail de l'agent.

B. Les différentes formes d'incitants

Même si les mécanismes d'incitation ont été jusque-là évoqués en équivalent monétaire, ils peuvent également prendre des formes non monétaires. Il serait fastidieux, voire impossible, de donner ici une liste exhaustive des pratiques incitatives. On se limitera donc aux principales catégories les plus fréquemment rencontrées, mais qui montrent déjà la diversité des options disponibles pour le principal.

– Les **récompenses monétaires**, outre la rémunération salariale, peuvent également être attribuées sous forme de commissions, de primes, de boni, de participations aux bénéfices, pour ne prendre qu'un nombre restreint d'exemples.

– Les **récompenses non monétaires** sont également nombreuses. Il peut s'agir d'avantages matériels, tout d'abord : communications téléphoniques, accumulation de points liés aux déplacements en avion, jours de récupération, etc. La liste peut aussi être longue sur ce chapitre. L'importance relative de ces avantages est bien évidemment très dépendante du système fiscal et de la taxation du travail. Une autre forme de récompense non monétaire, plus difficilement observable, mais non moins importante, existe dans la définition des conditions de travail. La localisation des bureaux, les horaires de travail, les arbitrages entre vie professionnelle et vie privée, mais également le style de management et le statut social que la fonction apporte, représentent autant de facteurs non monétaires mais valorisables.

– **Une autre famille d'incitants touche la gamme des évolutions de carrière** (systèmes de promotion, choix d'affectation) qu'une organisation propose. Les possibilités d'accéder à des échelons hiérarchiques supérieurs ou à des fonctions variées représentent des facteurs attractifs qu'une organisation peut mobiliser pour motiver ses employés.

– Enfin, **il existe des récompenses qui sont liées à la réputation individuelle** que l'organisation confère à ses agents. En favorisant la reconnaissance des qualités professionnelles et des compétences des individus par leurs pairs, l'organisation peut créer un climat qui favorise le bien-être au travail des employés, les stimule et, par là même, accroît leur sentiment de loyauté vis-à-vis de l'organisation.

Ces divers éléments peuvent varier ensemble sans que cela soit systématique. Il est possible – et même souhaitable – de laisser aux agents l'opportunité d'exprimer leurs préférences personnelles. Une jeune recrue en début de carrière, par exemple, peut privilégier les récompenses monétaires pour profiter de ses loisirs ou se constituer une épargne. Après plusieurs années, l'employé pourra en revanche être plus sensible à une évolution de carrière qui lui permettra de concrétiser, à ses yeux comme à ceux des tiers, la valeur de l'expérience acquise et des marques de dévouement. Enfin, dans les dernières étapes de sa carrière, l'agent pourra être plus sensible à l'image et à la réputation qu'il aura développées auprès de ses collègues et de sa hiérarchie. Les récompenses honorifiques prendront alors plus de valeur.

Le poids relatif de ces différentes catégories ne dépend pas seulement des individus. Elles sont également fonction du contexte institutionnel dans lequel elles émergent (voir chapitre 6). Ainsi, dans le système nord-américain, le revenu est une variable clef pour estimer la réussite professionnelle des individus. Celle-ci est beaucoup moins prégnante dans des pays comme le Japon ou l'Europe continentale.

Encadré 3

Changement d'incitants, changement de politique d'entreprise. Le cas de Microsoft

« Microsoft a amorcé [en 2003] un virage radical dans la politique de rétribution de ses quelque 50 000 salariés. Le numéro un mondial du logiciel va remplacer ses plans de stock-options par des dons d'actions. Un mode de gratification jugé plus intéressant pour les employés depuis l'éclatement de la bulle Internet et l'effondrement du marché qui a rendu la plupart des options impossibles à exercer. Cette nouvelle formule de récompense, qui prendra effet en septembre, pèsera, et c'est une première, sur les bénéfices du groupe, puisque les dons d'actions figureront en tant que charges dans les comptes de l'exercice débuté le premier juillet 2003. Microsoft, comme l'ensemble des entreprises high tech, s'opposait jusqu'à présent à la comptabilisation des stock-options, recommandée par les autorités de marché et certains membres du congrès. Sur l'exercice précédent, une telle opération aurait fait fondre son bénéfice net de près de 31 %. En adoptant ce nouveau système de don d'actions, l'entreprise se résout de fait à passer en charge ces gratifications "annexes" fondées sur les actions... et qui ont permis à plus de 1 000 salariés de Microsoft de devenir millionnaires. Mais l'enjeu n'est pas que financier.

Au-delà des chiffres et des modes de rémunération, c'est toute la philosophie du groupe qui est en passe de changer. Microsoft semble reconnaître en effet qu'elle n'est plus une start-up aux perspectives de croissance sans bornes, mais une compagnie parvenue à maturité (encore que sa capacité à dégager du cash soit tout à fait extraordinaire pour une entreprise "installée"). Dans cet esprit, les instruments de motivation eux aussi se devaient de changer. "Nous voulons attirer les meilleurs en les rétribuant le plus intelligemment possible, et en proposant une réelle participation et une motivation financière à long terme", a déclaré Steven Balmer, président et cofondateur de l'entreprise. »

Source : LExpansion.com ; 9 juillet 2003.

II. La rémunération du capital humain

L'autre question clef ici est de définir des mécanismes qui permettent d'assurer une convergence des intérêts entre principal et agent non seulement quant à l'effort, mais également quant à l'investissement. Il s'agit en ce sens de savoir comment va être supportée la formation du capital humain[4].

A. La fonction du capital humain

La définition d'une rémunération incitative permet d'améliorer la convergence des intérêts entre l'agent et le principal par son action sur le niveau d'effort souhaité. Elle reste indépendante néanmoins de la partie fixe du salaire versé.

Celle-ci permet de répondre à l'aversion au risque de l'agent. Elle lui offre la possibilité de planifier les contingences futures et de stabiliser ses anticipations. À première vue, le principal aura intérêt à minimiser autant que possible cette partie et à mettre l'accent sur la partie variable. L'agent en revanche aura une perspective différente : pour un même travail, il préférera l'option qui lui donne le salaire fixe le plus élevé. Une fois encore, il y a un problème de divergence des intérêts entre l'agent et le principal. Celle-ci se traduira non pas par une variation de l'effort de l'agent, mais par des mouvements d'entrée et de sortie sur le marché du travail.

L'importance de ces mouvements sur le comportement des parties prenantes dépend fondamentalement de la nature du travail et donc de la relation qui lie l'agent au principal. Prenons comme unité de base un emploi. Si celui-ci est standard et peut s'apparenter à un bien concurrentiel comme les autres, alors l'équilibre s'effectuera sur le marché du travail comme sur n'importe quel autre marché concurrentiel (graphique 2).

4. Thème aujourd'hui largement développé, notamment à partir des travaux du prix Nobel d'économie l'américain Gary Becker. Voir Becker G. (1993), *Human Capital : A Theoretical and Empirical Analysis, with Special Reference to Education*, The University of Chicago Press, 3e édition.

Graphique 2. La fixation des salaires sur un marché concurrentiel

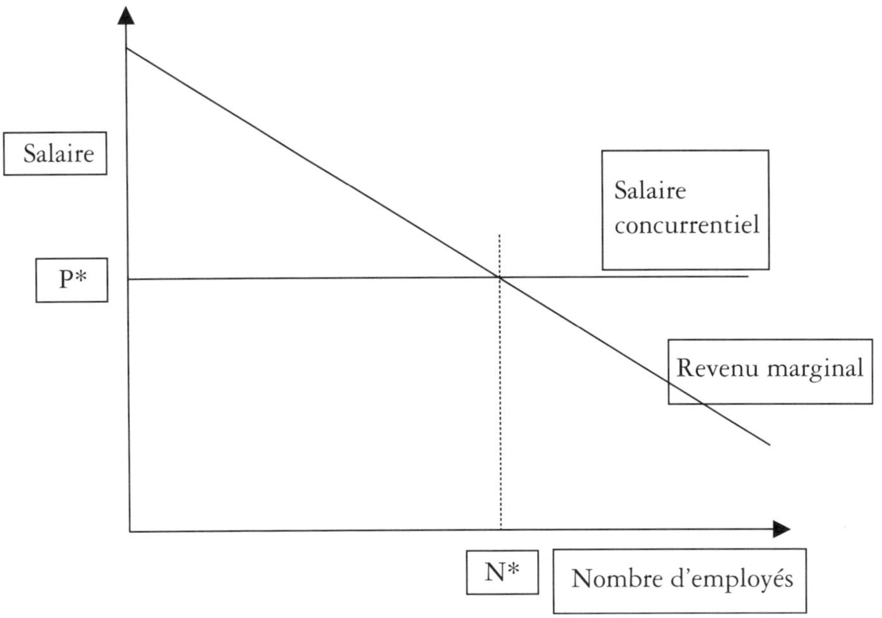

Le travail est alors rémunéré au prix du marché p*, c'est-à-dire le montant au-dessus duquel l'employeur paierait un surcoût qui le pénaliserait et au-dessous duquel l'employé préférerait prendre un autre emploi. À ce prix p*, le marché est à l'équilibre, ce qui signifie qu'il n'y a plus d'incitant ni à entrer, ni à sortir.

Le travail cependant ne prend que rarement une forme aussi standard. De nombreux facteurs en limitent la fluidité et l'efficience. Trois éléments en particulier méritent d'être soulignés :

– En premier lieu, la *mobilité géographique du facteur travail est très imparfaite*. Les individus, lorsqu'ils changent de localisation, doivent assumer des coûts d'ajustement qui peuvent être élevés s'ils sont ancrés dans une communauté (coûts matériels et souvent, plus encore, coûts psychologiques).

– En deuxième lieu, l'*information sur le marché du travail n'est que très imparfaitement disponible*. Les agents n'ont connaissance que d'un nombre limité d'emplois possibles. Plus encore, seule une étude détaillée et minutieuse de chaque emploi peut leur permettre d'évaluer le contenu de celui-ci et les attentes du recruteur. À l'inverse, l'employeur ne trouve pas toujours de manière instantanée des candidats lorsqu'il exprime un besoin. Enfin, tous les individus n'ont pas une capacité identique à remplir une même fonction. Il faut donc essayer de déterminer *ex ante* les meilleurs candidats, voire *ex post* prendre des mesures correctives si l'agent ne répond pas aux attentes. Au total, le marché du travail est un marché sur lequel les coûts de recherche sont particulièrement élevés pour l'employeur comme pour l'employé.

– En troisième lieu, la *création et le développement de compétences sont étroitement liés à la nature même du travail concerné*. Autrement dit, ces compétences ne peuvent être réellement acquises qu'en étant exercées. On parle ici d'apprentissage ou, pour reprendre une expression anglaise connue, de *learning by doing*, littéralement « apprendre en faisant ». Ces compétences présentent un certain nombre de caractéristiques distinctives. Elles sont tout d'abord fortement idiosyncrasiques, puisque dépendantes de leur contexte spatial et temporel. Elles sont ensuite, en partie pour les mêmes raisons, très difficilement communicables et transférables d'un individu à un autre. Enfin, elles se développent selon un processus d'accumulation qui crée une chaîne de causalité (ce que j'apprends à l'instant t dépend de ce que j'ai appris à l'instant t – 1 et conditionne ce que j'apprendrai à l'instant t + 1).

Afin de prendre en compte ce problème particulier au marché du travail, Gary Becker, prix Nobel d'économie en 1992, a développé le concept de « capital humain ». Plus que de la force ou du temps de travail, ce qu'un employeur rémunère, ce sont les capacités, les savoir-faire, l'expérience, c'est-à-dire toutes ces compétences qui confèrent une valeur économique à chaque employé et qui forment son capital humain. Le **capital humain de chaque individu** peut être décomposé en deux grandes catégories :

– Le *capital générique*, d'une part, regroupe l'ensemble des compétences que valorisent les entreprises, dans leur ensemble ou du moins pour un grand nombre (celles d'une même industrie par exemple ou d'une même profession, comme l'informatique). Il peut s'agir, par exemple, d'un diplôme universitaire de second cycle en économie ou gestion, de la maîtrise de programmes informatiques ou de la connaissance des pratiques de gestion des ressources humaines.

– Le *capital humain spécifique*, d'autre part, est fondé sur l'expérience, dont l'acquisition et la valorisation dépendent de la fonction occupée. Il s'agit bien, pour l'employeur comme pour l'employé, d'un actif spécifique dans la mesure où il perd de sa valeur dans un usage alternatif. Il introduit une relation de dépendance entre les deux parties : du point de vue de l'employeur, ayant besoin de soutenir l'investissement dans ce capital humain, il doit offrir une rémunération suffisamment attractive pour inciter l'employé à rester dans sa fonction. Du point de vue de l'employé, il sait qu'une partie de sa valeur économique tient à la position qu'il occupe et que, en cas de sortie, il serait contraint d'accepter une diminution de son salaire de base. Cette relation bilatérale va se traduire concrètement par le paiement d'une surprime, évaluée comme le différentiel entre le salaire versé et le salaire de marché (celui qui ne rémunère que le capital humain général).

Ce sur-salaire répond aux intérêts convergents de l'employeur et de l'employé. Il encourage, d'une part, l'agent à investir dans un capital spécifique à la fonction et, d'autre part, il représente un désincitant à la tricherie dans la mesure où, en cas de sanction, l'agent perdrait ce surplus financier lors de sa reconversion.

Faible mobilité du facteur humain, coûts de recherche, existence de capital humain spécifique, tous ces éléments favorisent la diversité des rémunérations dans un objectif de stabilité. En ce sens, par rapport au modèle de base, les surprimes salariales se comprennent comme la rémunération d'un engagement des parties sur la durée. En théorie, elles représentent à l'équilibre l'équivalent de ce que coûteraient les mouvements d'entrée et de sortie des agents.

B. Les mécanismes de rémunération de l'engagement à long terme

Comme précédemment au sujet des facteurs de motivation, la surprime qui assure cet engagement sur le long terme peut prendre différentes formes dans la relation employeur-employé.

– **La forme monétaire de la rémunération**. L'employé reçoit un salaire supérieur à celui qui est pratiqué sur le marché. Les économistes parlent à ce sujet d'un « salaire d'efficience », afin de souligner la rationalité économique propre à cette prime. Une autre forme de rémunération est l'indexation du salaire à l'ancienneté. Elle correspond à une forme de récompense des acquis de l'expérience. Elle favorise également de manière anticipative les comportements d'investissement des agents dans la mesure où ils ont une quasi-certitude de revenir sur leurs efforts après quelques années (voir encadré 4).

Encadré 4

L'engagement à long terme et le principe de la rémunération à l'ancienneté

Dans de nombreuses organisations, on peut trouver un principe de rémunération des salariés à l'ancienneté. Toutes choses égales par ailleurs, un employé voit sa rémunération augmenter du seul fait de sa longévité dans l'organisation. Ce principe est vivement contesté par certains pour qui « la valeur n'attend pas les années ». Avant d'émettre un jugement, il ne faut cependant pas oublier de replacer ce système dans la durée (graphique 3).

Graphique 3. L'engagement à long terme et la rémunération de la productivité

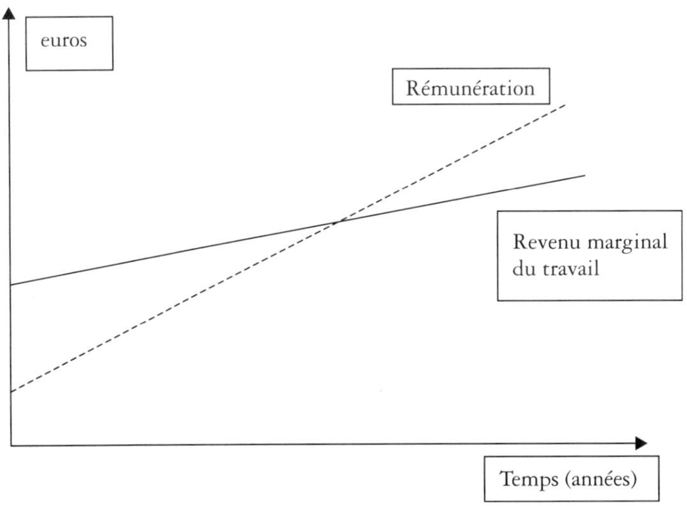

Ce graphique illustre l'ajustement intertemporel que permet la rémunération de l'ancienneté. Dans les premiers temps de sa carrière, l'employé est moins payé que ce qu'il rapporte à l'organisation. Mais, dans la mesure où il peut espérer dans une seconde partie de carrière que les deux courbes se croiseront, et que donc il recevra une rémunération supérieure à ce qu'il rapportera, alors il sera prêt à travailler intensément afin de rester dans l'organisation et de bénéficier de cet « avantage » de l'ancienneté. L'employeur, lui, va bénéficier de l'expérience accumulée des individus avec ce système. En ce sens, la prime associée à l'ancienneté est une forme de rémunération de l'expérience des individus et de leur engagement de long terme dans des investissements en capital humain spécifique.

– **La forme non monétaire de la rémunération**. Comme pour les incitants à l'effort, le principal peut avoir intérêt à introduire dans la rémunération des facteurs non monétaires (assurance de santé, avantages en nature, plan d'épargne, inscription à des clubs sportifs ou autres centres de loisirs, etc.). Pour un principal qui a la possibilité d'offrir des avantages uniques et recherchés par les employés, il aura même intérêt à privilégier ce facteur. Une localisation rare (un centre ville par exemple, proche de magasins et de moyens de transport) pourra être valorisée par les employés par rapport à un emplacement dans une zone industrielle excentrée. Comme le montre le graphique 4, pour répondre à un même jeu de préférences de l'agent, il est possible d'offrir différents paniers (salaire ; avantages en nature), mettant l'accent soit sur les salaires (droite A), soit sur les avantages en nature (droite B).

Graphique 4. Les différents arbitrages entre rémunération et avantage en nature

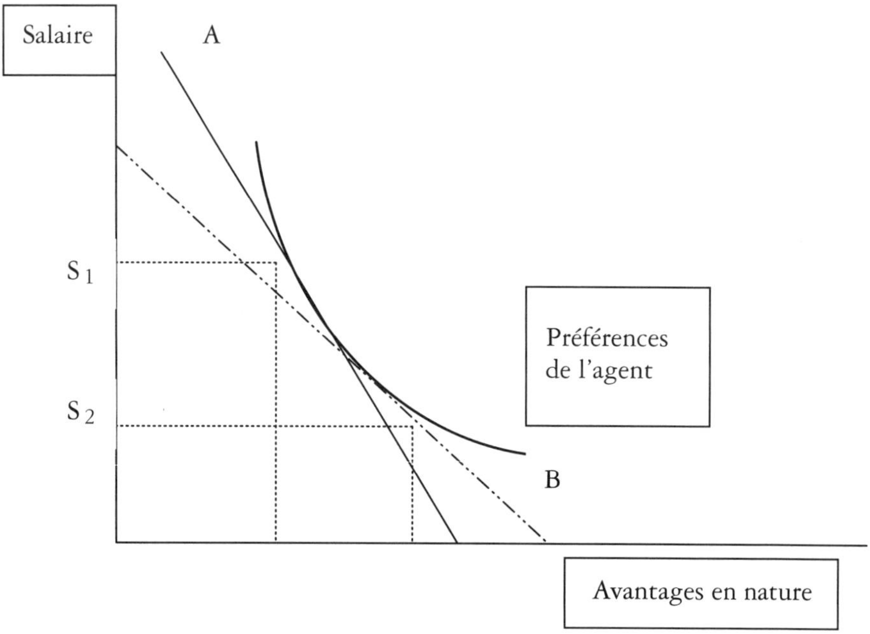

– **Une surprime peut, enfin, se retrouver sous une forme organisationnelle.** Le principal peut également mettre en place un certain nombre de mécanismes organisationnels qui permettent de développer dans la durée la relation avec l'agent. Dans certaines organisations, les plus grandes en particulier, les employés peuvent avoir accès à un marché interne du travail, c'est-à-dire un système interne d'offres et de demandes d'emploi dont l'accès est limité aux employés déjà en contrat avec l'entreprise. De manière complémentaire, les systèmes de promotion ou les opportunités d'expatriation vont inciter les employés à rester dans l'organisation. Beaucoup d'entreprises, enfin, mettent en place des systèmes de formation interne qui encouragent les employés à progresser dans leurs compétences spécifiques.

Encadré 5
La « Hamburger University »

Pour qui visite le site institutionnel de la célèbre société de fast-food, McDonald's, la surprise peut être grande de découvrir qu'il existe une Hamburger University, située dans l'Illinois aux États-Unis d'Amérique. Aujourd'hui, plus de 5 000 étudiants sortent chaque année diplômés de cette institution.

À travers le terme d'université, il faut comprendre qu'il s'agit ici du centre de formation propre à la société McDonald's essentiellement destiné à former les managers et les propriétaires des restaurants de la marque. Comme beaucoup d'autres entreprises, McDonald's préfère investir dans des formations qui mettent l'accent sur l'amélioration des compétences de son personnel directement valorisables dans le travail de la restauration. Par ailleurs, ces formations favorisent la stabilité des employés, pour qui cette formation sera peu valorisable en cas de départ.

Source : http://www.mcdonalds.com/home.html

C. Les systèmes de suivi des performances individuelles

Si la mise en place de systèmes d'incitants a pour but de favoriser la convergence des intérêts entre le principal et l'agent, elle ne suffit généralement pas pour supprimer tout problème d'agence. Le principal, comme l'agent, a ainsi besoin de mettre en place des mécanismes d'évaluation des performances des individus. Si un système d'incitants est mis en place, le moins que l'on puisse faire est de s'assurer qu'il est appliqué de manière pertinente.

Ici encore, il faut distinguer **différents cas**, ordonnés par difficulté croissante.

– Considérons d'abord que l'*effort de l'agent est directement observable par le principal*. Dans ce cas, le principal peut aisément fixer la rémunération en fonction de la quantité et de la qualité d'effort demandé. On trouvera ici des formes de rémunération à la tâche ou à l'heure (heure de ménage, par exemple). Les coûts de surveillance de l'agent sont relativement faibles.

– Considérons maintenant que l'*effort de l'agent n'est pas directement mesurable par le principal mais que ce dernier peut évaluer le travail de l'agent*. Dans la mesure où l'on peut attendre un lien raisonnable entre l'effort de l'agent et les résultats de son effort, alors le principal peut indexer ses incitants à la mesure des résultats observés. Les indicateurs peuvent être quantitatifs : des chiffres de productivité pour la chaîne de production, des volumes de publications pour les personnels de recherche ou le compte des ventes pour des agents commerciaux. Ces données quantitatives peuvent être estimées en valeur absolue ou, ce qui est souvent plus pertinent, en valeur relative (c'est-à-dire, par exemple, comparativement aux collègues ou à des référentiels sectoriels).

– Envisageons enfin le cas où l'*effort de l'agent n'est pas directement mesurable et pour qui le résultat de son travail est tout aussi difficile à évaluer*. Le principal doit alors s'efforcer d'approcher au mieux l'effort réel de l'agent. Un certain nombre de méthodologies ont été développées à cet effet. Il s'agit pour l'essentiel de grilles d'évaluation qui permettent de définir les attentes et les réalisations des agents. Classiquement, beaucoup d'organisations pratiquent un système de double évaluation : chaque agent est évalué annuellement par son supérieur direct et par son supérieur de deuxième rang (autrement dit, le supérieur du supérieur). Cette double évaluation permet d'introduire un contrôle sur le contrôleur afin de limiter le potentiel abus de pouvoir dans le cas d'une évaluation unique. En revanche, cette méthode qui s'inscrit dans la ligne hiérarchique ne donne qu'une perspective limitée de l'effort réel de l'agent au travail. D'autres méthodes d'évaluation – dites à 360° – proposent ainsi de réaliser les évaluations non seulement par les supérieurs hiérarchiques, mais également par les autres individus en contact avec l'agent concerné (leurs pairs, leurs subordonnés et éventuellement d'autres personnes de contacts comme les clients ou les fournisseurs).

Encadré 6

Les méthodes d'évaluation dites à 360° dans les universités canadiennes

« À la suite de quatre grèves entre 1999 et 2001 à la McMaster University, Peter Turner, directeur de l'unité de rendement de l'organisation, a compris qu'il fallait faire quelque chose. "Le climat des relations de travail s'était dégradé et, depuis quelques années, nous étions avides de tenter de changer la culture et les conditions de travail" affirme-t-il. L'établissement d'un processus d'évaluations de rendement à 360 degrés représentait un élément essentiel du changement de culture. Lors d'une évaluation à 360 degrés, aussi appelée rétroaction multi-source, le rendement est évalué par des collègues et des subordonnés ainsi que par des supérieurs ; les clients internes et externes peuvent, lorsque c'est opportun, être appelés à faire une évaluation, et on boucle la boucle avec une auto-évaluation. Les diverses évaluations peuvent être représentées sur un graphique pour faciliter la comparaison visuelle. Dans la plupart des cas, la rétroaction est anonyme mais les répondants peuvent inscrire leur nom s'ils le désirent. Le recteur de la McMaster, Peter George, a mis sa propre évaluation de rendement dans le circuit en participant à un projet pilote 360 à l'automne 2002. Le recteur, les vice-recteurs et les dirigeants des ressources humaines ont tous été évalués par un vaste groupe représentatif d'employés, y compris des membres du personnel, des dirigeants syndicaux et des membres du conseil d'administration. M. George nous dit qu'il y avait beaucoup de commentaires positifs sur son évaluation et aussi quelques suggestions d'amélioration. "On m'a entre autres suggéré de plus souvent féliciter les gens lorsqu'ils accomplissent du bon travail. On m'a aussi dit que mon bureau devrait assurer un meilleur suivi dans les affaires en cours." Il dit qu'il a l'intention d'utiliser cet outil pour poursuivre les discussions à ce sujet avec le personnel. Pour Peter George, la rétroaction à 360 degrés représente un outil particulièrement utile pour le personnel universitaire dont les besoins, croit-il, sont souvent négligés au profit des professeurs et des étudiants. »

Source : Affaires universitaires, novembre 2003, p. 27.

Les grilles d'évaluation qui sont utilisées mobilisent généralement deux dimensions. En premier lieu, le comportement de l'agent peut être estimé en fonction d'échelles comportementales. Peuvent être ainsi estimés des facteurs comme son degré d'implication dans l'organisation, ses capacités d'apprentissage et de résolution des problèmes, sa capacité à travailler en équipe, etc. En second lieu, l'agent définit avec son employeur (le plus souvent dans les faits son supérieur hiérarchique) un certain nombre d'objectifs à réaliser sur un rythme annuel, généralement. La négociation d'objectifs permet à l'agent et au principal, en situation d'incertitude, d'expliciter des attentes et de limiter les sources d'ambiguïté et de conflits.

III. Les limites des incitants dans les organisations

La mise en place des systèmes d'incitants dans les organisations a pour objectif d'améliorer la convergence des intérêts entre le principal et l'agent et de limiter les coûts bureaucratiques. Ces systèmes impliquent également des coûts substantiels de fonctionnement. Leur efficacité connaît de la même façon un certain nombre de limites.

– Tout d'abord, la *mise en place de l'ensemble des procédures d'évaluation des agents représente d'importants coûts de mesure*. L'introduction d'incitants tend également à accroître les coûts d'influence dans l'organisation.

– Ensuite, *les incitants individuels peuvent limiter les bénéfices d'un travail collectif*. Les agents sont alors poussés à réduire leur degré de coopération et à retenir l'information pour leur intérêt personnel. Ces comportements peuvent nuire à terme au processus de création et de développement des connaissances intra-organisationnelles.

– Enfin, des sociologues ont mis en avant les *externalités négatives* que peuvent susciter ces méthodes incitatives sur le comportement général des individus : imbrication excessive entre sphère du privé et sphère professionnelle, stress au travail, sentiment de souffrance, etc.

Ces facteurs représentent autant de facteurs qu'il est non seulement difficile d'ignorer quand on s'interroge sur la définition d'une structure incitative pour les agents, mais plus encore nécessaire de prendre en compte lorsqu'est réalisée l'évaluation d'un système d'incitants dans une organisation.

Encadré 7
Les facteurs de stress au travail

Si la recherche de la performance individuelle et collective semble améliorer l'efficience économique globale, elle peut également se traduire par des facteurs importants de stress au travail socialement coûteux. De nombreuses études portent sur ces effets. Citons, parmi d'autres, un rapport récent publié par le Centre d'études de l'emploi sur la pénibilité du travail (2006)[5] : « Karasek[6] émet l'hypothèse selon laquelle une demande psychologique doit être liée à une latitude décisionnelle suffisante afin de ne pas avoir de conséquences néfastes sur la santé. Si tel n'était pas le cas, c'est-à-dire dans le cas où une forte demande psychologique serait combinée avec une faible latitude décisionnelle, cette situation engendrerait des phénomènes de tension, *(job-strain)*, pouvant provoquer des troubles cardio-vasculaires. Si à cela s'ajoutait un manque de soutien social, les facteurs de risque s'amplifieraient. On parle alors d'*iso-strain* pour définir la situation qui cumule *job-strain* et isolement social.

[...] 19 % des salariés peuvent être considérés en situation de "tension" *(job-strain)*, c'est-à-dire conjuguant une forte demande psychologique et une faible latitude décisionnelle. Par ailleurs, ils sont 12 % à déclarer être en situation de tension et à manquer de soutien social *(iso-strain)*.

[...] Les employés et les ouvriers non qualifiés et/ou agricoles se retrouvent ainsi plus souvent en situation de tension, caractérisée surtout par un manque de latitude décisionnelle. On constate aussi quelques disparités au niveau des secteurs. Globalement, les secteurs industriels ont des taux d'exposition supérieurs à la moyenne nationale. Le secteur le plus à risque de ce point de vue est l'industrie du cuir et de la chaussure, où 34 % des salariés peuvent être jugés en situation de *job-strain* et 20 % en situation d'*iso-strain*. Les secteurs des "hôtels et restaurants", de l'administration publique et de la "santé, action sociale" ont aussi des taux supérieurs à la moyenne nationale. »

5. Yilmaz E. (2006), *Pénibilité du travail. Évaluation statistique*, Cahier de travail n° 55, CEE.
6. Karasek R.A., Theorell T. (1990), *Healthy Work*, New York, Basic Books.

Chapitre 6

Les organisations économiques et leurs environnements institutionnels

Dans les chapitres précédents, l'analyse des mécanismes organisationnels a été menée sans tenir compte du contexte institutionnel dans lequel ils sont définis. Une telle hypothèse simplificatrice postule que les choix d'organisation dépendent uniquement de déterminants micro-économiques universels. Dans ce chapitre, nous levons cette hypothèse afin d'analyser les variations organisationnelles que peut générer une hétérogénéité institutionnelle.

À cet effet, il importe en premier de bien spécifier ce concept d'environnement institutionnel afin de comprendre les liens entre les niveaux macro- et micro-économiques (I). Il est ensuite possible d'étudier un certain nombre de cas typiques : l'internationalisation est un exemple clair de l'impact d'un changement d'environnement institutionnel sur un choix d'organisation (le mode d'entrée). D'autres travaux ont montré l'existence de différences organisationnelles fortes entre pays (II). Un exemple classique est la comparaison de la firme japonaise et de la firme américaine. Selon la nature de l'environnement institutionnel, on peut ainsi s'attendre à trouver au niveau micro-économique différents modes de coordination au niveau des organisations économiques. Enfin, même si le sujet est toujours l'objet de débats, il ne semble pas véritablement possible de hiérarchiser la performance des différents systèmes économiques. Avant tout, c'est surtout la cohérence entre les niveaux micro- et macro-économiques qui importe en premier.

I. Le concept d'environnement institutionnel en économie

Avant d'aborder les liens entre environnement institutionnel et organisation économique, le premier point définit le concept d'environnement institutionnel, qui tend à connaître de nombreuses acceptions.

A. La nature de l'environnement institutionnel

Dans une perspective large, l'activité économique des agents se développe dans un environnement juridique, social et culturel donné. Elle ne s'inscrit pas dans un « état de la nature » qui serait homogène et géographiquement indifférencié. Elle est en grande partie conditionnée par l'histoire et les préférences collectives qui en résultent.

• La définition de l'environnement institutionnel de D. North

La définition de l'environnement institutionnel, en ce sens, est complexe. Douglass North (1990) considère que « les institutions sont les règles du jeu dans une société ou, plus formellement, sont les contraintes établies par les hommes qui donnent forme aux interactions entre les hommes. En conséquence, elles structurent les incitants dans les échanges humains, qu'ils soient politiques, sociaux ou économiques » (p. 3)[1]. Et il ajoute plus loin : « Les institutions comprennent tous les types de contraintes que les êtres humains créent pour donner forme aux interactions humaines. Les institutions sont-elles formelles ou informelles ? Elles peuvent être l'une ou l'autre. [...] Les institutions peuvent être créées, comme le fut la Constitution des États-Unis d'Amérique ; ou elles peuvent simplement évoluer dans le temps, comme le fait la "Common Law" [...]. Les contraintes institutionnelles incluent à la fois ce qui est interdit aux individus de faire et, parfois, sous quelles conditions certains individus sont autorisés à entreprendre certaines activités. [...] Elles sont parfaitement analogues aux règles du jeu dans un sport qui met en concurrence des équipes. Elles consistent en des règles écrites formelles ainsi qu'en des codes de conduite généralement non écrits, lesquels sous-tendent et complètent les règles formelles, comme par exemple l'interdiction de blesser volontairement un joueur de l'équipe adverse. Et, pour poursuivre l'analogie, lorsqu'il arrive que les règles et les codes informels soient violés, une sanction est appliquée. De la même façon, une part essentielle du fonctionnement des institutions consiste à assumer l'effort d'identification des violations ainsi qu'à fixer le niveau des sanctions » (1991, p. 4).

Il importe donc de distinguer les institutions des organisations. Les deux contribuent à structurer les interactions entre les individus, mais les fonctions

1. North D. (1990), *Institutions, Institutional Change and Economic Performance*, Cambridge University Press.

diffèrent. « En effet, lorsque l'on observe les coûts qui dépendent du cadre institutionnel, il apparaît qu'ils sont le résultat non seulement de ce cadre, mais également des organisations qui se sont développées en fonction de ce cadre. Conceptuellement, il faut clairement différencier les règles des joueurs. L'objectif des règles est de définir la façon dont le jeu se déroule. Mais l'objectif de l'équipe, dans le contexte de ces règles, est de gagner la partie – en combinant compétences, stratégie et coordination ; par des voies régulières et parfois détournées (1991, p. 4-5). »

• La nature des institutions

D'autres auteurs, souvent plutôt des sociologues, ont cherché à classifier plus en détail la nature des institutions. Scott (1995) considère que les institutions consistent en des structures régulatrices, normatives et cognitives et en des activités qui fournissent stabilité et sens au comportement social[2]. Il faut comprendre les institutions comme des systèmes complexes qui façonnent les comportements et les jugements des agents, systèmes dont la dimension symbolique est particulièrement importante. Ces trois **dimensions – régulatrice, normative et cognitive** – forment les trois piliers des institutions.

– *Le pilier régulateur* contient essentiellement les processus explicites – définition des règles, suivi des règles et systèmes de sanctions – qui régulent de manière formelle ou informelle les comportements individuels. Les économistes comme North précédemment cité retiennent généralement cette définition des institutions comme système stable de règles au sein duquel les acteurs organisent leurs choix en fonction de leur analyse coût / bénéfice. Les sociologues ont cependant insisté sur l'importance des deux autres piliers.

– *Le pilier normatif* inclut les valeurs et les normes qui confèrent une dimension de prescription et de jugement aux interactions entre les agents. Les valeurs forment les préférences ou les attentes à partir desquelles les actions sont comparées et évaluées. Les normes définissent la façon dont les actions doivent être menées, c'est-à-dire le système de légitimité qui encadre les moyens mis en œuvre pour atteindre les finalités recherchées. Pour reprendre l'image sportive proposée précédemment, le pilier régulateur crée les règles du jeu alors que le pilier normatif établit les finalités du jeu et les seuils d'acceptabilité des actions.

– Enfin, *le pilier cognitif*, proche de l'anthropologie, met l'accent sur la façon dont la réalité est perçue et interprétée par les acteurs. Il s'agit de la création du sens comme processus émergent des interactions entre les stimuli externes et les réponses des individus. Il construit le cadre symbolique qui oriente et guide les agents et qu'eux-mêmes contribuent à faire évoluer par leurs actions. Ce pilier cognitif correspond ainsi à ce que l'on appelle de manière souvent vague la « culture ». Parmi les différents éléments qui composent le pilier cognitif, il faut relever en particulier les « règles constitutives ». Celles-ci définissent les proces-

2. Scott W. (1995), *Institutions and Organizations*, Thousand Oaks, Sage.

sus par lesquels les objets, les idées ou les événements sont identifiés, catégorisés et mis en relation. À nouveau il est possible de mobiliser la métaphore sportive, comme le fait d'ailleurs Scott lui-même : « Les règles constitutives établissent le jeu de football comme un ensemble de choses telles que des buts et des marques, des idées telles que la victoire et la sportivité et des événements tels que la mise en jeu et les sorties de balle. De la même manière, d'autres règles constitutives construisent les acteurs et les rôles joués ; dans le contexte sportif du football, il s'agit de la création des joueurs, des entraîneurs et des arbitres » (p. 42).

Ces trois piliers – régulateur, normatif et cognitif – définissent conjointement le cadre dans lequel les agents pensent, jugent et agissent, l'activité économique étant un des modes d'interactions sociales. Ce cadre lui-même n'est pas statique, il évolue avec les actions des agents. L'environnement « institue » donc l'action des agents comme ceux-ci « instituent » les changements de ce cadre.

B. L'environnement institutionnel et les organisations économiques

On comprend en ce sens que les choix d'organisation économique seront dépendants des institutions dans lesquelles ils prennent place. Les sociologues et les économistes ont développé le concept « d'ancrage » (*embeddedness* en anglais) pour formaliser cette interdépendance dans la sphère économique.

• Les différents niveaux de l'environnement institutionnel

Williamson (2000) a proposé un schéma de synthèse intégrant les quatre niveaux de l'analyse sociale pour une analyse économique (graphique 1)[3]. Chaque niveau est directement influencé par le niveau supérieur mais, par le principe des interactions, peut également influer sur les évolutions du niveau supérieur.

– Le **niveau supérieur** (c'est-à-dire le plus englobant) constitue l'ancrage social dans lequel s'inscrit l'action économique. À ce niveau se développent les normes, les coutumes, les pratiques sociales, les traditions et les croyances entre des communautés d'individus. On retrouve ici les piliers normatifs et cognitifs précédemment cités. Pour les économistes, il s'agit généralement d'un facteur exogène, dans la mesure où les évolutions s'effectuent très lentement et où, à leur échelle, les agents n'ont que peu de pouvoir d'influence sur ces évolutions.

– Le **deuxième niveau** est appelé environnement institutionnel *stricto sensu* et correspond au pilier régulateur et même, plus précisément, à la dimension formelle du pilier régulateur. Il s'agit de l'ensemble des règles que les acteurs définissent de manière consciente et explicite pour encadrer leurs actions. Dans la mesure où ces règles sont produites de manière délibérée, elles peuvent être soumises à une évaluation économique comparative établissant l'efficience rela-

3. Williamson O. (2000), « The New Institutional Economics : Taking Stock, Looking Ahead », *Journal of Economic Literature*, vol. 38, n° 3, p. 595-613.

tive d'un jeu de règles. Ce niveau comprend les règles constitutionnelles, le corpus juridique et la définition des droits de propriété. Les changements, quoique sur une échelle de temps plus courte que dans le premier niveau, se réalisent généralement sur plusieurs décennies.

– Le **troisième niveau** est constitué des formes organisationnelles – firmes, marchés, formes hybrides – qui correspondent aux arrangements institutionnels définis entre les agents économiques. Il s'agit du niveau où s'établissent les choix de structure de gouvernance qui engagent généralement les acteurs économiques sur plusieurs années.

– Enfin, le **quatrième niveau** regroupe les actions et décisions qui engagent les agents dans des interactions de court terme et rapidement changeantes, telles que des variations de prix ou de volumes de production. Il s'agit des actions généralement étudiées par l'approche micro-économique traditionnelle.

Graphique 1. L'économie des institutions

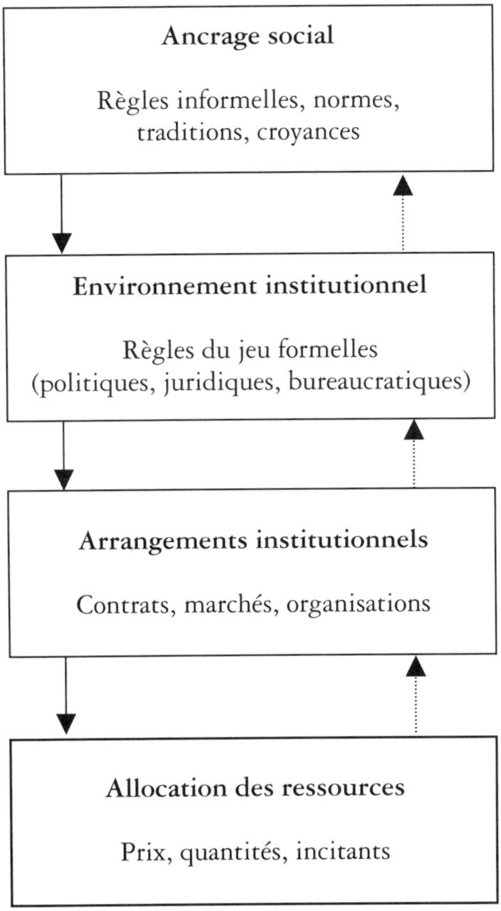

Source: adapté de Williamson, 2000.

• La nature du lien entre environnement institutionnel et choix d'organisation micro-économiques

Il existe de multiples façons par lesquelles les institutions peuvent agir sur l'activité économique. De manière générale, la plupart des auteurs s'accordent pour dire que les institutions ont pour fonction primordiale d'apporter une stabilité sociale. North (1990), encore, affirme que « les institutions ont pour rôle premier de structurer de manière stable (mais pas nécessairement efficiente) les interactions humaines » (p. 6). Scott (1995) distingue trois **vecteurs** par lesquels les institutions agissent sur le corps social :

– les **cultures** : elles forment la structure interprétative et la grammaire par laquelle les individus communiquent ;

– les **structures sociales** : elles définissent les positions et les relations entre les individus (c'est-à-dire, la définition des rôles) ;

– les **routines** : elles codifient les schémas d'action issus des savoirs tacites des acteurs.

Chacun des trois piliers – régulateur, normatif et cognitif – contribue de manière propre à cette stabilité par ces vecteurs (tableau 1).

Tableau 1. Institutions et modes de stabilisation sociale

	Pilier régulateur	Pilier normatif	Pilier cognitif
Cultures	Règles, lois	Valeurs, attentes	Catégories, typologies
Structures sociales	Systèmes de gouvernance, systèmes de pouvoir	Régimes, systèmes d'autorité	Isomorphisme structurel, identités
Routines	Protocoles, procédures standards	Conformité, accomplissement des devoirs	Programmes, scripts des réalisations

Source : Scott W., 1995, p. 52.

Apporter une stabilité sociale, c'est réduire l'incertitude au niveau des individus. Pour citer encore North (1991), « les institutions réduisent l'incertitude en structurant la vie quotidienne. Elles forment des lignes de conduite dans les interactions humaines, de telle sorte que, lorsque nous voulons saluer des amis dans la rue, conduire une automobile, acheter des oranges, emprunter de l'argent, créer une entreprise, enterrer nos morts, etc., nous savons (ou pouvons apprendre facilement) comment réaliser ces actes. Nous constatons aisément que les institutions diffèrent lorsque nous tentons de répéter les mêmes transactions dans un autre pays – au Bangladesh, par exemple. Dans le jargon des économistes, les institutions définissent et limitent l'ensemble des choix des individus » (p. 4).

Les **institutions** n'ont donc pas pour finalité première de rechercher l'efficience économique mais répondent à un **objectif plus global de fonctionnement collectif d'une société humaine**. Elles influent néanmoins fortement sur les performances d'une économie dans la mesure où elles affectent les coûts des échanges et les choix de production et, par là même, la distribution et la forme des modes d'organisation dans l'économie.

Cet impact se concrétise bien évidemment tout d'abord au niveau de la production et de la diffusion de l'information entre les agents économiques, c'est-à-dire sur leurs modes de communication ainsi que leurs capacités de décision.

– Les institutions étant d'abord de **nature informationnelle** (règles, symboles, valeurs), elles conditionnent très largement la quantité et la qualité de l'information que les agents utilisent ainsi que les finalités qui les guident dans l'usage de cette information. Les institutions déterminent en particulier les régimes des droits de propriété par lesquels s'organisent les échanges économiques, que ce soit *ex ante* (possibilité de définir des accords) ou *ex post* (possibilité de trancher en cas de désaccord). En conséquence, les institutions vont influer fortement sur les coûts de transaction dans une économie et, par là même, sur les choix d'organisation des individus pour mener à bien leurs transactions (selon la logique du chapitre 2).

– Les institutions conditionnent également les **processus d'émergence et d'orientation des connaissances**. Elles déterminent notamment en grande partie l'émergence des « paradigmes technologiques », pour reprendre la célèbre formule de Giovanni Dosi (1982)[4]. Comme le rappellent Amable, Barré et Boyer (1997, p. 26)[5], un paradigme technologique construit le système dans lequel s'exercera le développement technique, c'est-à-dire le type de problèmes qui se poseront aux chercheurs et autres parties prenantes et les modalités de réponses à ces problèmes. De la même façon que les « paradigmes scientifiques » (Kuhn, 1962)[6] définissent la vision scientifique du monde, les paradigmes technologiques définissent les processus d'innovation et de créativité, c'est-à-dire la façon dont les acteurs créent leurs stocks de connaissances et produisent leur environnement économique. En ce sens, les institutions influencent fortement non seulement les conditions de l'échange mais également les modes de production économique et la façon dont les agents économiques s'organisent pour mener cette activité économique.

---

4. Dosi G. (1982), « Technological Paradigms and Technological Trajectories : A Suggested Interpretation », *Research Policy*, 11, p. 147-162.

5. Amable B., Barré R. et Boyer R. (1997), *Les Systèmes d'innovation à l'ère de la globalisation*, Paris, Economica.

6. Kuhn T. (1962), *The Structure of Scientific Revolutions*, University of Chicago Press.

II. La diversité institutionnelle et les choix organisationnels

Dans la mesure où l'on accepte qu'il existe, d'une part, un lien entre les institutions (à un niveau macro-économique) et les choix d'organisation (à un niveau micro-économique), d'autre part une pluralité de systèmes institutionnels, alors il devient légitime, voire impératif, de s'intéresser de manière comparative aux différentes **architectures organisationnelles** qui se dessinent. Une telle approche, *a priori*, repousse l'idée de formes d'organisation optimales au profit d'une compréhension contextualisée des choix d'organisation : c'est en fonction des règles institutionnelles qu'il paraît pertinent d'évaluer l'efficience organisationnelle, et non l'inverse.

L'étude de cette problématique mériterait un ouvrage entier, non pas un seul chapitre. La suite a donc essentiellement pour ambition de sensibiliser le lecteur qui serait encore peu familier avec ces thèmes à la diversité institutionnelle. Le point A développe la problématique de la multinationalisation d'une organisation qui, par définition, correspond à l'entrée dans un nouveau système institutionnel. Le point B, à travers les travaux comparant le fonctionnement des firmes américaines et japonaises, permet de façon systémique d'étudier ces liens concrets entre diversité institutionnelle et organisation économique. Cette analyse permet d'ouvrir la discussion sur les différentes formes de capitalisme avant de conclure sur la question de leur comparaison en termes d'efficience.

A. La multinationalisation des organisations

Nous abordons ici la question de la multinationalisation, c'est-à-dire l'entrée d'une organisation (le plus souvent une entreprise privée) dans un pays – qui représente un nouveau contexte institutionnel. Pour une organisation se développant dans un pays distinct de son pays d'origine, la question de base qui se pose alors est de savoir dans quelle mesure ce changement institutionnel influe sur les choix de gouvernance pris par les décideurs. D'un point de vue opérationnel, la question est de comprendre pourquoi l'entreprise qui se développe à l'étranger le fait par l'implantation d'une filiale plutôt que par exportation auprès d'une entreprise locale. Ici, il s'agit encore de revisiter la problématique « faire ou faire faire » dans la mesure où nous cherchons à comprendre pourquoi la forme intégrée est préférée à la forme marchande[7].

• La définition de la multinationalisation

On considère généralement qu'une entreprise multinationale est une organisation qui possède au moins une unité de production ou de commercialisation à l'étranger. Là encore, sous une apparente évidence, cette définition reste vague et

7. Pour de plus amples développements sur le sujet, voir Mazerolle F. (2006), *Les Firmes multinationales*, Vuibert.

dans de nombreux cas ambiguë. Il est possible, cependant, de considérer qu'il y a multinationalisation dans la mesure où il y a eu réalisation d'au moins un investissement direct à l'étranger. L'investissement direct à l'étranger est défini par le Fonds monétaire international comme « un investissement qu'une entité résidente d'une économie (l'investisseur direct) effectue dans le but d'acquérir un intérêt durable dans une entreprise résidente d'une autre économie (l'entreprise d'investissement direct). Par intérêt durable, on entend qu'il existe une relation à long terme entre l'investisseur direct et l'entreprise et que l'investisseur exerce une influence significative sur la gestion de l'entreprise »[8].

Il est important ici de noter que la multinationalisation ne consiste pas seulement en une opération financière, mais qu'il faut également une fonction de gestion (« intérêt durable »). Il n'y a pas en revanche de consensus sur le seuil minimal de participation dans le capital. Selon les pays, celui-ci varie pour l'essentiel entre 10 % et 25 %.

Certains auteurs jugent utile d'apporter à cette définition les précisions suivantes (Dunning, 1993, p. 5)[9] :

1) L'investissement est réalisé hors du pays d'origine, mais au sein de la firme qui investit. Le contrôle sur l'utilisation des ressources transférées demeure dans les mains de l'investisseur.
2) Cet investissement consiste en un « package » d'actifs et de produits intermédiaires tels que le capital, la technologie, les compétences managériales, l'accès aux marchés et l'entrepreneuriat.

• La question clef du mode d'organisation à l'international

Dans de nombreux cas de transactions internationales, dans la logique du chapitre 2, le système des prix du marché ne peut fonctionner sans occasionner de coûts de transaction, voire ne pas être en mesure de permettre la réalisation de l'échange. Il est possible ici de soulever **deux problèmes spécifiques** à la multinationalisation (par rapport aux coûts de transaction présentés précédemment) :

– d'une part, *l'incertitude générée par un nouvel environnement socio-économique* (le pays dans lequel l'entrée est réalisée) augmente les coûts de négociation entre les agents ;

– d'autre part, ce changement d'environnement socio-économique accroît *la difficulté à faire respecter les engagements* qui ont été pris et élève sérieusement les risques de comportement opportuniste des agents.

L'organisation de la transaction au sein d'une structure unifiée permet alors de réduire ce niveau de coûts de transaction et d'améliorer l'efficacité de l'échange. L'organisation hiérarchique remplace le système des prix par un ensemble de règles bureaucratiques qui encadrent et contraignent les risques liés au comportement humain.

8. Banque de France (1993), *Manuel de la balance des paiements*, p. 92.
9. Dunning J.H. (1993), *Multinational Enterprises and the Global Economy*, Addison Welsey Publishing Co., Wokimgham.

Les dysfonctionnements du marché, sources de coûts de transaction dans les échanges internationaux, ont différentes origines. Selon celles-ci, il est usuel de distinguer l'intégration horizontale et l'intégration verticale (tableau 2).

Tableau 2. Les principales formes de multinationalisation

	Type d'intégration	Type de transaction intégrée
Horizontale	Internalisation par les firmes intensives en R&D	Transfert de savoir-faire technologique et managérial
	Intégration par les firmes intensives en dépenses publicitaires	– Diffusion de la réputation – Transfert des compétences managériales – Suivi du contrôle qualité et marketing
Verticale	Intégration dans les matières premières et composants	Achat de matières premières et de composants
	Intégration verticale dans la distribution	Distribution des produits/ services

L'intégration horizontale des organisations multinationales

L'intégration horizontale concerne l'implantation dans plusieurs pays d'une organisation pour produire et vendre un même bien ou service. Elle concerne donc les problèmes de transfert des savoirs et de protection des réputations. Si l'on considère que le développement et le maintien d'un effet de réputation constituent un savoir-faire spécifique, ces deux catégories peuvent néanmoins être regroupées sous le terme de « **contenu en propriété** » [10]. On explique alors de la façon suivante le développement par intégration horizontale des organisations multinationales en termes de coûts de transaction :

Considérons comme situation de départ une organisation

– dont les activités de production sont purement nationales ;

– qui possède certains actifs uniques qui constituent une source potentielle de rentes ;

– et dont les facteurs de localisation sont tels que la production à l'étranger représente le mode d'accès à des clients étrangers le plus économique.

La firme concernée a le choix entre vendre ses actifs ou services spécialisés à une firme locale ou implanter une filiale à l'étranger. Un **contrat de vente** implique :

– de trouver l'autre partie, de l'en informer et de définir les termes de l'accord acceptable ;

10. Anderson E. et Gatignon H. (2004), « Firms and the Creation of New Markets », in Menard Claude et Shirley Mary M., *Handbook for New Institutional Economics*, Norwell MA, Kluwer Academic Publishers.

– de conduire des négociations et de rédiger un contrat capable d'envisager sans ambiguïtés les différentes contingences ;

– de pouvoir s'assurer du respect de l'accord et d'être capable de faire appliquer les termes du contrat en cas de violation.

L'ensemble de ces conditions définit le « **régime d'appropriabilité** » propre à l'activité[11]. Dans un certain nombre de cas, il est possible, comme dans l'industrie pharmaceutique, de diffuser par brevets les innovations avec un rendement maximal. Mais, dans de nombreux cas, de tels transferts posent de multiples **difficultés transactionnelles** :

– *Au niveau du dévoilement de la valeur aux acheteurs*. Conformément au paradoxe de l'information énoncé par Arrow (1974)[12], l'acheteur ne connaît pas la valeur de l'information tant qu'il ne la possède pas ; mais lorsqu'elle est en sa possession, il l'a alors acquise gratuitement. La recherche d'acheteurs expose donc le vendeur à d'importants risques de pertes de son capital.

– *Au niveau de l'exécution contractuelle*. Même si le problème précédent a pu être surmonté, la réalisation de la transaction peut échouer entre des organisations qui opèrent dans des environnements institutionnels différents. Or le savoir-faire comporte souvent une dimension tacite importante qu'une simple formule ne permet pas seule de transférer. Il est nécessaire de l'appuyer par des relations personnelles étroites et fréquentes, des efforts de formation et de démonstration et même une implication directe. Plus encore, la mobilisation d'individus particuliers peut ne pas suffire, notamment lorsqu'il est nécessaire de transférer des « routines organisationnelles ».

Lorsque ces difficultés contractuelles accroissent les coûts de transaction, voire rendent ladite transaction internationale impossible, la solution intégrée apparaît alors comme une solution plus efficiente.

Les graphiques 2a et 2b résument l'argument. GC_L et GC_I représentent les coûts de gouvernance unitaires moyens à utiliser la licence et la hiérarchie pour vendre et transférer le savoir-faire. On considère que les difficultés contractuelles augmentent avec la complexité à transférer le savoir-faire.

Le premier schéma (a) montre deux points importants :

– d'une part, plus le transfert est complexe, plus la solution intégrée devient préférable ;

– d'autre part, plus le nombre de transferts augmente, plus la solution intégrée devient également préférable.

11. Teece D. (1986), « Transaction Cost Economics and the Multinational Enterprise : An Assessment », *Journal of Economic Behavior and Organization*, 7, p. 21-45.

12. Arrow K. (1974), The Limits of Organization, New York, Norton.

Graphiques 2. Le choix entre licence et internalisation pour la multinationale dans le cas d'un investissement horizontal

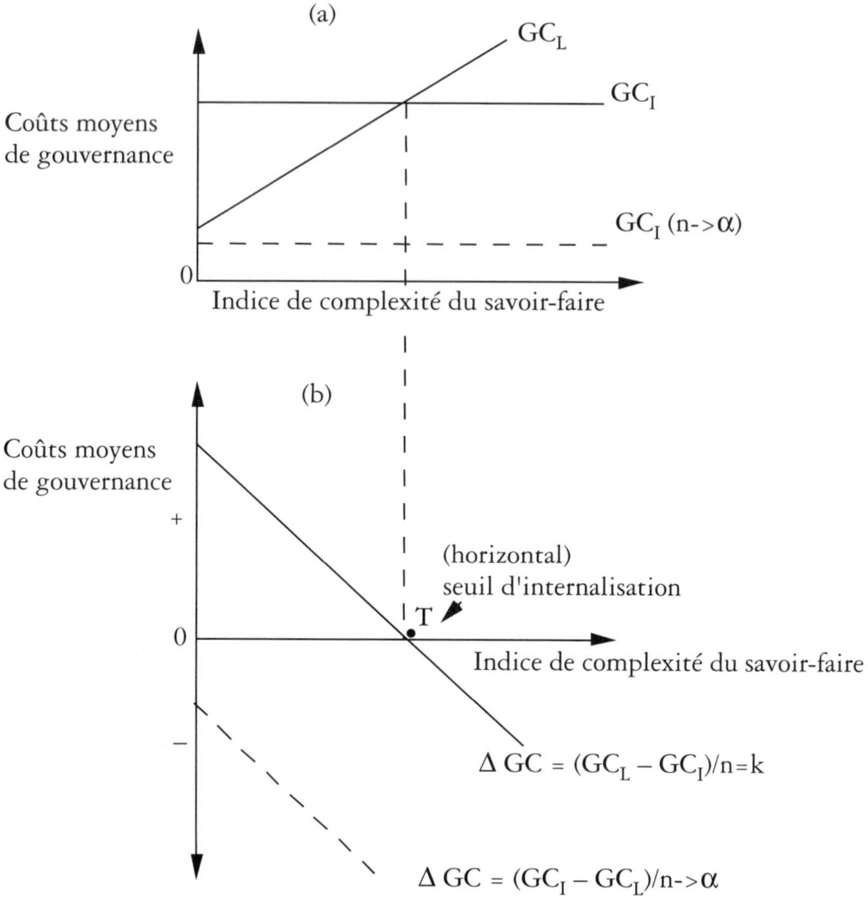

GC_L : coûts de gouvernance de la solution de licence
CG_I : coûts de gouvernance de la solution hiérarchique

Source: Teece D., 1986, p. 31.[13]

Le deuxième schéma (b) présente les différentiels de coûts de gouvernance entre la licence et l'intégration. Le point T représente le seuil au-delà duquel les coûts de gouvernance par licence deviennent si élevés que l'intégration s'affirme comme un mode de gouvernance plus efficient pour un niveau de complexité et un nombre de transactions donnés.

13. Teece D. (1986), « Transactions Cost Economics and the Multinational Enterprise : An Assessment », *Journal of Economic Behavior and Organization*, 7, p. 21-45.

De façon convergente, on peut décomposer ainsi les coûts d'intégration horizontale selon quatre déterminants :

– les coûts en capital à établir une présence physique à l'étranger (P) ;

– les coûts de familiarisation avec la clientèle locale et la culture nationale (F) ;

– les coûts de transfert du savoir-faire à l'étranger par une transaction interne (T) ;

– les coûts de contrôle impliqués par le développement de l'organisation, lesquels varient selon le type de savoir-faire transféré (C).

Pour que la solution interne soit plus profitable, il faut que ces coûts d'intégration soient inférieurs aux coûts de transaction *ex ante* (T_a) et *ex post* (T_p) du recours à la solution de marché (licence). Formellement, les coûts d'internalisation (IC) sont définis comme suit de façon statique :

$$IC = P + F + T + C$$

d'où $NEB = (T_a + T_p) - (P + F + T + C)$ et WOS est choisi si $NEB > 0$

où NEB représente le bénéfice économique net et WOS le choix interne *(wholly owned subsidiary)*, opposé au choix de licence.

Encadré 1

Les transferts de technologies ne vont pas de soi

De nombreux transferts de technologies se font des pays industrialisés vers les autres pays par ventes de licences. Cela ne se fait cependant pas automatiquement. Par exemple, du temps de l'ex-bloc soviétique, une entreprise tchécoslovaque avait acheté le brevet qui l'autorisait à produire des ampoules électriques auprès d'une société de la RDA. Il a fallu plus d'un an à cette entreprise pour qu'elle puisse produire sa première ampoule correcte car il lui manquait les savoir-faire et les compétences non brevetables et qui reposaient dans l'expérience « tacite » de l'entreprise allemande.

L'intégration verticale des firmes multinationales

L'intégration verticale internationale revêt essentiellement deux formes : en amont dans les matières premières et en aval dans la distribution.

– **L'intégration internationale en amont** est très importante dans trois industries en particulier : le pétrole, le cuivre et l'aluminium. La motivation principale de l'intégration dans ces secteurs exigeant des investissements fixes, lourds et fortement spécifiques est d'éviter les risques créés par des situations de petit nombre sur le marché et d'asymétrie d'information.

– **L'intégration internationale en aval** répond au besoin de maîtriser les circuits de distribution des produits. Les deux motivations principales ici sont d'une part d'échapper aux situations de petit nombre et au pouvoir de négociation des distributeurs locaux, d'autre part de s'assurer du contrôle de la qualité.

Graphique 3. Le choix entre licence et internalisation pour la multinationale dans le cas d'un investissement vertical

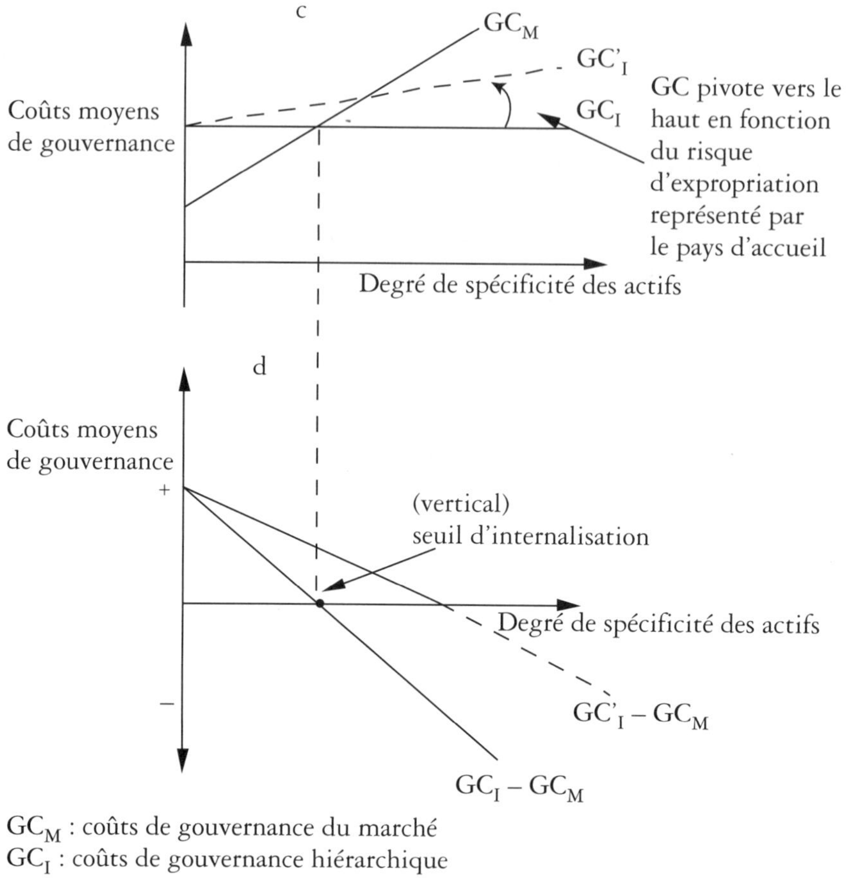

Source : Teece D., 1986, p. 33.

Comme pour l'intégration horizontale, on représente le choix entre les modes de gouvernance en fonction de leurs coûts comparés. Cette fois, l'axe horizontal ne désigne pas le niveau de complexité du savoir-faire mais indique le niveau de spécificité des actifs (graphique 3).

Ces schémas illustrent le fait que l'internationalisation, en tant que changement d'environnement institutionnel, modifie les coûts comparés des formes de gouvernance marchandes et hiérarchiques. Plus ce changement est source d'incertitude, plus il élève les coûts du recours par le marché.

B. Les formes nationales d'organisation : forme J *versus* forme H

L'influence de la multinationalisation sur les choix d'organisation provient bien de ce que les organisations peuvent fonctionner différemment selon leur environnement institutionnel d'origine. Un certain nombre de travaux, ainsi, ont montré que les modalités de coordination axées sur la hiérarchie connaissent des alternatives dans d'autres contextes institutionnels. L'économiste japonais Masahiko Aoki a en particulier montré sur le cas des entreprises japonaises des différences substantielles dans les pratiques de coordination. Il a ainsi comparé le mode H (pour hiérarchique) au mode J (pour japonais). Le premier est fondé sur une coordination verticale alors que le second est axé sur une coordination horizontale des agents[14].

– Le **mode H** est fondé sur deux caractéristiques principales : d'une part, une séparation entre le niveau de planification et de mise en œuvre opérationnelle ; d'autre part, un accent très marqué dans la recherche des bénéfices de la spécialisation. Comme décrit au chapitre 4, le niveau hiérarchiquement supérieur de l'organisation a en charge l'orientation stratégique, la définition des fonctions, des processus organisationnels ainsi que leur évaluation et les changements à mettre en œuvre. Ce niveau hiérarchique est considéré posséder les connaissances pertinentes pour assurer ces responsabilités. Le système de fonctionnement est donc ici un système de planification *a priori* qui détermine pour une certaine période (souvent l'année, voire plusieurs années) les modes opératoires et dans lequel tout problème rencontré et toute nouvelle connaissance seront intégrés dans l'exercice suivant.

– Le **mode J** repose sur des caractéristiques alternatives : il s'appuie : 1) sur une coordination horizontale entre les unités opérationnelles ; 2) sur le partage *ex post* de l'information qui remonte du terrain, c'est-à-dire sur une intégration de l'apprentissage local. Dans le cas présent, les unités au niveau opérationnel s'adaptent en continu aux informations nouvelles qu'elles rencontrent (par exemple, requête d'un client ou correction d'un défaut de qualité sur la ligne de production). La cohérence d'ensemble est gardée par une coordination entre les différentes unités opérationnelles concernées. Dans le mode J, l'information locale est mieux valorisée pour permettre *ex post* la réalisation des objectifs de l'organisation. Ce bénéfice se traduit certes par des sacrifices sur les avantages attendus de la spécialisation (économies de temps et d'effort ; économies d'échelle et de champ). Il implique également d'assumer des coûts supplémentaires de communication et de négociation entre les différentes unités opérationnelles.

Il n'y a donc pas *a priori* une forme de coordination plus efficiente que l'autre. Les avantages comparatifs des formes J et H dépendent de facteurs multiples tels que les capacités d'apprentissage des employés, les facilités de communication entre unités, les possibilités de réalisation d'économies de spécialisation mais également la diversité et la volatilité de la demande. De différents travaux Aoki

14. On notera en particulier la série de travaux suivants : Aoki M. (1984a), *The Co-operative Game Theory of the Firm*, New York, Oxford University Press ; (1984b), *The Economic Analysis of the Japanese Firm*, North-Holland ; (1986), « Horizontal vs. Vertical Information Structure of the Firm », *American Economic Review*, 76(5), p. 971-983 ; (1988), *Information, Incentives and Bargaining in the Japanese Economy*, Cambridge University Press ; (1990), « Toward an Economic Model of the Japanese Firm », *Journal of Economic Literature*, 28(1), p. 1-27.

cependant tire quelques conclusions générales que l'on peut rappeler ici : « Quand les environnements qui conditionnent la planification (par exemple, les marchés, les procédés industriels, les voies de développement, etc.) sont stables, l'apprentissage au niveau opérationnel peut ne pas apporter une information de valeur à la planification *a priori* et ne pas compenser le sacrifice des économies de spécialisation dans les activités opérationnelles. D'un autre côté, si les environnements sont extrêmement volatils ou incertains, l'adaptation décentralisée aux changements environnementaux peut produire des résultats particulièrement instables. Dans ces deux cas de figure extrêmes, le mode H a de fortes chances de se révéler supérieur pour réaliser les objectifs organisationnels. Dans les situations intermédiaires, cependant, lorsque les environnements externes sont continuellement changeants sans que cela soit de manière drastique, le mode J est supérieur. Ici, la valeur de l'information créée par l'apprentissage et la coordination horizontale au niveau opérationnel peuvent faire plus que compenser les pertes d'efficience dues au sacrifice de la spécialisation opérationnelle » (1990, p. 8-9).

Ce mode de coordination horizontale possède par ailleurs de manière collatérale un **système spécifique d'incitations**.

– Dans le mode H, l'accent étant mis sur la *recherche des gains de la spécialisation*, la valorisation porte essentiellement au niveau opérationnel sur la spécialisation des tâches et des compétences.

– Dans le mode J, du fait des *attentes en termes de coordination entre unités*, sont évaluées également les capacités à communiquer et à travailler avec les autres parties impliquées dans le processus. Par ailleurs, les unités doivent posséder une autonomie décisionnelle et donc, par là même, faire preuve de capacités à résoudre les problèmes qui surviennent. Les employés ne peuvent donc pas être spécialisés sur des tâches précises et cantonnés à celles-ci, ils doivent également avoir une compréhension d'ensemble du processus. Enfin, le mode J induit une rotation régulière des employés pour favoriser le partage des connaissances.

Ces différents éléments impliquent deux **conséquences majeures sur le système d'incitations** :

– En premier lieu, le *mécanisme d'incitations* ne peut pas être directement lié à l'accomplissement de tâches précises mais doit couvrir un spectre plus large qui retrace l'expérience professionnelle accumulée par les employés aux niveaux individuels et collectifs.

– En second lieu, un tel système implique de mettre en place une *administration* qui gère ce type d'incitants et en assure le bon fonctionnement.

Pour le premier cas, Aoki explique que les firmes japonaises ont développé un système de « hiérarchies de rangs » dont on peut résumer le principe de la façon suivante : il existe en général des strates qui sont séparées et hiérarchisées entre ouvriers *(blue collars)*, employés *(white collars)* et ingénieurs ; et au-dessus les managers. Chaque rang implique un certain niveau de rémunération, mais non pas une fonction spécifique. En ce sens, des employés peuvent appartenir à un même rang tout en occupant des fonctions variées. À leur entrée, les individus sont placés dans un rang précis en fonction de leur cursus antérieur, et plus particulièrement leur parcours scolaire et universitaire. Le rang d'entrée n'est pas managérial et les individus vont être en concurrence pour gagner des promotions dans leur rang. Les critères de promotion rejoignent bien évidemment les attentes vis-à-vis des employés. Seront ainsi particulièrement valorisées les capacités de résolution de problèmes, les aptitudes à la communication, alors que les compétences par rapport à des tâches précises prendront un poids plus limité. Dans les entreprises japonaises, le département en charge de la gestion de ce système joue donc un rôle central et déterminant dans la mesure où il détermine la réussite ou l'échec des carrières individuelles au sein de chaque rang. Par rapport au système H précédemment présenté, le mode J repose donc sur un principe « d'emploi à vie » dans lequel une intense concurrence est assurée pour l'accession aux promotions.

C. Les formes de capitalisme et les modes d'organisation

La comparaison des modèles japonais et américain permet de mettre nettement en exergue le fait qu'il n'existe pas un idéal type d'organisation mais que les modes de coordination et d'incitation au niveau micro-économique doivent être analysés et évalués dans leur contexte institutionnel. D'autres modèles, généralement sur une base nationale, ont ainsi été également soulignés par des économistes. Il y a quelques années, Michel Albert avait décrit le « modèle rhénan » (germanique) fondé sur des relations coopératives entre dirigeants et syndicats qui favorisaient l'émergence de consensus pour la réalisation d'objectifs de long terme[15]. En France, c'est l'existence d'un modèle « colbertiste » qui a été plutôt soulignée, fondé sur une logique de grands projets et une forte imbrication entre grandes entreprises et haute administration[16].

La connexion entre le niveau macro-économique des institutions et le niveau micro-économique des organisations se concrétise en particulier dans **la nature des modes de coordination entre les agents**. Comme le souligne Robert Boyer[17], faisant écho aux propos de North sur ce point, les institutions économiques proviennent principalement de l'action collective et s'expriment dans les choix juridiques et politiques – des choix de société. En ce sens, la diversité des options sociales et politiques tend à générer des formes différentes d'organisation économique et donc, ainsi, à produire la « diversité des capitalismes » (Boyer, 2004, p. 110). Les stratégies individuelles des firmes se développent dans le cadre de ces « règles du jeu » institutionnelles et il n'y a donc pas de raison pour qu'il existe une seule façon de jouer.

15. Albert M. (1991), *Capitalisme contre capitalisme*, Le seuil.
16. Cohen E. (1992), *Le Colbertisme high-tech : économie du grand projet Télécom*, Paris, Hachette Pluriel.
17. Boyer R. (2004), *Une théorie du capitalisme est-elle possible ?*, Odile Jacob.

• Les formes de base du capitalisme

Par-delà les descriptions des particularismes nationaux, certaines typologies ont été proposées afin de définir des archétypes institutionnels. Dans une approche peu éloignée d'Albert, Hall et Soskice (2001) ont proposé de distinguer deux grands modes[18] : les économies libérales de marché d'une part ; les économies coordonnées de marché d'autre part.

– **Dans le système d'économie libérale de marché**, l'accent est mis sur une coordination par l'intermédiaire de marchés concurrentiels qui favoriseront la recherche d'équilibres par les prix entre des agents restant distants les uns vis-à-vis des autres et s'engageant mutuellement à travers un système formel de contractualisation.

– **Dans le système d'économie coordonnée de marché**, l'équilibre dépend du support collectif qui garantit la formation des engagements crédibles, les règles de diffusion de l'information, les incitants comme les sanctions. La coordination passe plutôt par des interactions stratégiques entre les entreprises et les autres parties prenantes – syndicats, financeurs en particulier. Dans le premier cas, l'individu est le cœur du système institutionnel, alors qu'il s'agit beaucoup plus du substrat collectif dans le second cas.

Hall et Gingerich (2004) précisent par des exemples concrets la différence entre les deux systèmes[19]. Les États-Unis représentent l'exemple classique d'un pays fonctionnant selon une économie libérale de marché, mais d'autres pays comme la Grande-Bretagne, l'Irlande, la Nouvelle-Zélande ou l'Australie entrent dans la même catégorie. Les entreprises doivent faire face à des marchés de capitaux particulièrement développés et exigeants en termes d'information et de résultats. L'accès à ces marchés est crucial pour le développement de ces organisations et les managers sont soumis à une forte pression externe par les risques d'acquisitions hostiles. Les syndicats ont un pouvoir relativement faible et la régulation du travail est essentiellement réalisée par le marché, ce qui lui confère une grande fluidité. Dans un tel système, les individus ont peu intérêt à investir dans des fonctions spécifiques au profit de compétences facilement valorisables au moment d'un changement de poste. De manière générale, le système favorisera les investissements dans des actifs facilement et rapidement transférables par l'interface anonyme du marché.

En revanche, un pays comme l'Allemagne représente l'exemple type d'une économie coordonnée de marché. Hall et Gingerich incluent également dans cette catégorie des pays aussi variés que l'Autriche, le Japon, la Corée du Sud, les pays scandinaves, la Belgique, les Pays-Bas ou la Suisse. Dans ces pays, les entreprises sont étroitement encastrées dans des réseaux impliquant des participations croisées et des partenariats, souvent dans des associations patronales. Ces

18. Hall P. et Soskice D., éds (2001), *Varieties of Capitalism : The Institutional Foundations of Comparative Advantage*, New York, Oxford University Press.

19. Hall P. et Gingerich D. (2004), « Varieties of Capitalism and Institutional Complementarities in the Macro-Economy », Discussion Paper of the Max-Planck Institute for the Study of Societies.

réseaux permettent d'importants échanges d'informations privées et l'émergence de réputations qui facilitent l'accès privilégié aux capitaux. En ce sens, les dirigeants sont moins soumis à une pression immédiate sur les résultats financiers mais doivent beaucoup plus, en présence de syndicats puissants, s'attacher à trouver les conditions d'équilibre. La négociation s'articule autour d'un « marchandage » dans lequel, en échange d'une forte protection de l'emploi, de salaires coordonnés et d'une faible fluidité du marché du travail, les employés investissent dans des compétences spécifiques à leur industrie. Dans ces économies, le système ne se structure pas dans un face-à-face entre employeurs et employés, mais repose sur des institutions intermédiaires (espaces de négociation collective, associations professionnelles, assurances collectives) sans lesquelles ne peut s'établir ce jeu d'interaction stratégique.

Cette typologie a le mérite de proposer une catégorisation des modes de coordination qui dépasse les descriptions par pays et fait ressortir des critères institutionnels distinctifs par-delà le prisme des frontières. Son approche dichotomique peut sembler en revanche par trop tranchée pour véritablement prendre en compte la diversité des systèmes capitalistes.

D'autres auteurs ont ainsi tenté des distinctions plus fines. On citera ici plus spécifiquement celles de La Porta, Lopez de Silanes, Shleifer et Vishny (1997, 1998, 1999)[20] et d'Amable (2005)[21].

• L'approche par les systèmes juridiques

La Porta, Lopez de Silanes, Shleifer et Vishny (1999) se sont particulièrement intéressés aux liens entre le droit et la finance ainsi qu'à la « qualité » des gouvernements[22]. Leur idée de départ est que les entreprises se développent dans des systèmes juridiques différents qui vont influer sur leur comportement microéconomique. Ces quatre auteurs choisissent donc une vision « étroite » des institutions – le pilier régulatoire – dans la mesure où ils se concentrent sur la construction purement juridique des « **règles du jeu** ». Sur la base des travaux des juristes, ils proposent une typologie des pays en quatre catégories (ne sont pas considérées les économies non capitalistes) : trois groupes de pays appartiennent à la tradition du droit civil et le quatrième à celle de la *Common Law.*

– **La première tradition juridique de droit civil est le « droit français ».** Elle puise ses origines dans le droit romain et est reconnue comme la plus répandue dans le monde. Cette tradition se fonde sur l'écriture de lois et de codes qui organisent en détail l'ordre juridique dans lequel s'inscrivent les agents.

20. La Porta R., Lopez-de-Silanes F., Schleifer A., Vishny R. (1997), « Legal Determinants of External Finance », *Journal of Finance*, 52, p. 1131-1150 ; (1998), « Law and Finance », *Journal of Political Economy*, 106, p. 1113-1155 ; (1999), « The Quality of Government », *Journal of Law, Economics, and Organization*, 15, p. 222-282.

21. Amable B. (2005), *Les Cinq Capitalismes – Diversité des systèmes économiques et sociaux dans la mondialisation*. Seuil.

22. La Porta R., Lopez-de-Silanes F., Schleifer A., Vishny R. (1997), *op. cit.*

L'exemple typique est celui du Code de commerce napoléonien rédigé en 1807 et diffusé à travers l'Europe après les conquêtes de l'Empereur.

– **La deuxième tradition juridique de droit civil est d'origine germanique**, rédigée dans la période bismarckienne d'unification de l'Allemagne à la fin du XIXe siècle.

– **Une troisième tradition juridique de droit civil est d'origine scandinave**, proportionnellement plus éloignée du droit romain et développée au cours du XVIIIe siècle.

– Si ces trois familles ont un socle commun (le droit romain), il n'en est pas de même avec **la quatrième famille, celle de la *Common Law***. Celle-ci, d'origine anglaise, est essentiellement créée par les juges lorsqu'ils doivent trancher. La règle de droit se construit à partir des précédents issus des décisions antérieures et des contributions des juristes. Comme le droit français, le droit anglais s'est particulièrement répandu à travers le monde avec l'expansion internationale de ces pays.

Pour ces auteurs, ces différentes traditions juridiques ont des influences variables sur les comportements micro-économiques. En ce qui concerne le sujet particulier de la protection des investisseurs, ces auteurs considèrent que le système de la *Common Law* assure la plus grande protection, suivi des systèmes scandinave et germanique, le droit français étant le moins protecteur. Dans la mesure où les environnements juridiques varient en termes de protection des droits de propriété, l'impact sera immédiat sur les choix d'organisation des agents. Les environnements les plus protecteurs favoriseront le recours aux formes marchandes de coordination dans la mesure où les droits pourront être garantis par les institutions publiques.

• L'approche des régulationnistes

Pour prendre en compte la diversité du capitalisme, Amable (2005, p. 124), dont les travaux s'inscrivent dans le courant des économistes dits « régulationnistes », prend explicitement et systématiquement en compte cinq domaines institutionnels clefs : la concurrence sur les marchés des produits ; le rapport salarial et les institutions du marché du travail ; le secteur d'intermédiation financière et la *corporate governance* ; la protection sociale et le secteur éducatif. L'analyse théorique et empirique de l'auteur le conduit à distinguer cinq **modèles de capitalisme** : 1) les économies fondées sur le marché ; 2) les économies sociales-démocrates ; 3) le capitalisme « asiatique » ; 4) le capitalisme européen continental ; 5) le capitalisme « méditeranéen » (voir détail dans le tableau 3).

On comprend que dans ces différents modèles de capitalisme les modes de coordination intra et interorganisationnels vont varier significativement.

– **Dans le modèle d'économie libérale, le primat sera donné à la coordination marchande**, l'organisation étant essentiellement légitime en cas de carence. Le découpage organisationnel favorisera la mise en place d'incitants clairement identifiables au niveau individuel de préférence. Sur cette base, chaque agent économique sera évalué en fonction de sa productivité et sera récompensé ou sanctionné en conséquence. Dans ce modèle, la relation hiérar-

Tableau 3. Les cinq types de capitalisme

	Capitalisme fondé sur le marché	Économies sociales-démocrates	Capitalisme asiatique	Capitalisme européen continental	Capitalisme méditerranéen
Concurrence sur les marchés des produits	Importance de la concurrence par les prix ; État neutre ; ouverture internationale à la concurrence	Importance de la concurrence par la qualité ; engagement fort de l'État ; ouverture internationale à la concurrence	Importance de la concurrence par les prix et la qualité ; engagement fort de l'État ; forte protection par rapport à la concurrence internationale ; importance des grandes entreprises	Concurrence plus sur la qualité que les prix ; engagement des autorités publiques ; protection faible par rapport à la concurrence internationale	Concurrence plus sur les prix que la qualité ; engagement de l'État ; protection modérée par rapport à la concurrence internationale ; importance des petites entreprises
Rapport salarial	Protection de l'emploi faible ; flexibilité externe ; négociation salariale décentralisée	Protection de l'emploi modérée ; négociation salariale centralisée ou coordonnée	Forte protection de l'emploi dans la grande firme ; flexibilité externe limitée ; négociation salariale décentralisée	Forte protection de l'emploi ; flexibilité externe limitée ; négociation salariale coordonnée	Haute protection de l'emploi (grandes firmes) ; une frange « flexible » d'emploi ; négociation salariale centralisée
Secteur financier	Forte protection des actionnaires minoritaires ; faible concentration de la propriété ; importance des investisseurs institutionnels ; marchés financiers très développés	Forte concentration de la propriété ; forte concentration de la propriété ; importance des banques ; faible développement des marchés financiers	Protection faible des actionnaires extérieurs ; forte concentration de la propriété ; concentration des banques ; très faible développement des marchés financiers	Protection faible des actionnaires extérieurs ; forte concentration de la propriété ; importance des banques ; faible développement des marchés financiers	Protection faible des actionnaires extérieurs ; forte concentration de la propriété ; forte concentration des banques ; très faible développement des marchés financiers

	Capitalisme fondé sur le marché	Économies sociales-démocrates	Capitalisme asiatique	Capitalisme européen continental	Capitalisme méditerranéen
Protection sociale	Protection sociale faible ; participation faible de l'État ; dépenses dirigées vers le soulagement de la pauvreté ; retraite par capitalisation	Haut niveau de protection sociale ; forte participation de l'État ; grande importance de la protection sociale pour la société	Faible niveau de protection sociale ; dépenses dirigées vers le soulagement de la pauvreté	Haut niveau de protection sociale, fondée sur l'emploi ; engagement de l'État ; système de retraites par répartition	Niveau modéré de protection sociale ; dépenses dirigées vers le soulagement de la pauvreté et vers les retraites ; fort engagement de l'État
Éducation	Dépenses publiques faibles ; système d'enseignement supérieur très compétitif ; enseignement secondaire hétérogène ; accent sur les compétences générales	Haut niveau de dépenses publiques ; accent sur la qualité de l'enseignement pré-universitaire ; importance de la formation professionnelle ; accent sur les compétences spécifiques	Faible niveau de dépenses publiques ; accent sur la qualité de l'enseignement secondaire ; formation interne à la firme ; accent sur les compétences spécifiques	Haut niveau de dépenses publiques ; enseignement secondaire homogène ; importance de la formation professionnelle ; accent sur les compétences spécifiques	Dépenses publiques faibles ; faiblesse de l'enseignement universitaire ; formation professionnelle faible ; accent sur les compétences générales
Exemples de pays	Australie Canada Royaume Uni États-Unis	Danemark Finlande Suède	Japon Corée	Suisse Pays-Bas Irlande Belgique Norvège Allemagne France Autriche	Grèce Italie Portugal Espagne

Source : d'après Amable, 2005, p. 136-138 et 223.

chique est essentiellement une relation de pouvoir dont l'objectif est de trancher le plus efficacement possible les conflits.

– À l'inverse de ce modèle d'économie libérale, l'exposé précédent de la firme J d'Aoki montre clairement comment **un système horizontal de coordination peut fonctionner**, dans la mesure où le système institutionnel « asiatique » introduit des strates (des rangs) entre les groupes d'individus au travail dans l'organisation. De même, la domination de grandes entreprises permet de réguler la règle de l'emploi à vie.

– **Dans le système de capitalisme continental européen**, il apparaît clairement que la coordination entre acteurs économiques ne peut se limiter à un jeu bilatéral employeur-employé mais se joue à trois, l'État ayant un rôle actif et continu, qui commence dès l'enseignement primaire.

– **Dans le modèle social-démocrate**, où la concertation entre acteurs de l'économie est prévalente, il apparaît que plus encore que vers des objectifs en termes de performance économique rapidement mesurables, l'action collective est d'abord orientée vers la gestion du processus par lequel émergent les « règles du jeu » et la façon dont les acteurs jouent le jeu (ce qui n'empêche pas d'ailleurs ces pays de pouvoir réaliser de bons résultats économiques, au contraire peut-être même).

– Enfin, **dans un modèle du capitalisme méditerranéen**, les structures institutionnelles favorisent l'activité entrepreneuriale privilégiant l'initiative individuelle autour de grandes organisations ayant un marché de l'emploi interne relativement protégé.

Un lecteur attentif aura noté que le modèle d'économie libérale correspond pour l'essentiel à la logique présentée dans les chapitres précédents, dits « hors contexte institutionnel ». Cela se comprend comme le fait que l'organisation hiérarchique et son fonctionnement dans ce système représentent aujourd'hui la théorie standard des organisations économiques. Or, comme le remarquent de façon très pertinente Boyer (2004) et Amable (2005), ce modèle très cohérent en soi est également très spécifique par rapport aux autres modèles qui possèdent beaucoup plus de proximité entre eux.

On peut alors s'interroger sur le fait quelque peu paradoxal que l'exception institutionnelle soit aujourd'hui présentée comme la norme. Une telle question est aujourd'hui particulièrement critique au niveau de la construction européenne et de la recherche de ses institutions. Sauf à faire table rase de l'histoire, la logique voudrait qu'il y ait une évolution vers un modèle de type continental européen ou, en tout cas, mettant clairement en avant la coordination collective et le développement d'interactions stratégiques entre les entreprises et les autres parties prenantes. Mais, à l'heure actuelle, aucun projet commun n'a émergé en ce sens. La conséquence logique de cette situation est que, par défaut, c'est le modèle standard qui s'impose.

Encadré 2

Vers un modèle européen d'organisation sociale et économique ?

Beaucoup d'intellectuels s'interrogent sur les évolutions de la construction européenne. Peut-elle avancer vers la construction d'un « modèle européen » qui ne serait pas la simple sommation hétérogène de particularismes nationaux ancestraux ? Les difficultés actuelles à faire ratifier le projet de constitution européenne rendent la question particulièrement sensible. Voici, en quelques mots, comment un haut fonctionnaire de la Commission européenne présentait en 2002 la problématique : « Le modèle européen d'économie sociale de marché est né en contrepoint à cette histoire violente ; il a graduellement réussi à réguler le capitalisme, c'est-à-dire, tout en préservant son efficience, à prévenir l'ampleur de ses variations cycliques par les politiques keynésiennes et à réduire les inégalités excessives par l'instauration de rapports de force plus équilibrés entre capital et travail ainsi que par la mise en œuvre d'une solidarité effective à travers la Sécurité sociale.

La CE a en effet longtemps réussi à renforcer et à concilier tout au long du processus d'intégration – très graduel il est vrai – la coexistence de différentes variantes de l'économie sociale de marché, qui est la forme européenne du capitalisme de marché régulé : modèle rhénan, modèle colbertiste, modèle de partenariat social du Benelux. [...]

Pour autant ce modèle européen que nous peignons aujourd'hui dans les nuances roses, présentait déjà trois faiblesses :

– rente technologique transférée des États-Unis avec les investissements américains en Europe dans les années 1960 : il faut dorénavant que l'UE génère elle-même assez de RD pour rivaliser avec les États-Unis et le Japon ;

– pression du contre-modèle soviétique (aujourd'hui disparu) ; la social-démocratie peut-elle tenir debout sans le communisme ?

– colonies : matières premières bon marché et marchés captifs (désormais, concurrents sur nos propres marchés de produits manufacturés).

D'où il ressort que le modèle européen des Trente Glorieuses n'était ni soutenable, ni généralisable.

En outre, ce modèle a subi deux dérives internes :

– l'abus de keynésianisme qui a conduit à l'inflation et à l'endettement public ;

– les comportements de dépendance et de passager clandestin (fraude fiscale et fraude sociale) induits par des États-providence parfois surdimensionnés.

Enfin l'Europe a vu progressivement s'affaiblir sa base productive ; face à la concurrence des multinationales américaines et japonaises, les champions nationaux n'ont, à quelques brillantes exceptions près, pas réussi le test du marché malgré les aides et les préférences de leurs États nationaux respectifs.

Aujourd'hui le modèle européen est soumis à une double pression, celle du libéralisme du traité de Rome renforcé par les traités de Maastricht et d'Amsterdam d'une part et celle de la globalisation d'autre part qui renforce la propension à jouer le marché contre le politique avec le risque inhérent à un retour de balancier : une aggravation des écarts entre les gagnants et les perdants à la fois de l'intégration européenne et la globalisation. »

Source : « L'Europe face à la globalisation (2002) », Pierre Defraigne, directeur général adjoint à la Direction générale du Commerce. Extrait de discours, 2002. Texte complet à http://europa.eu.int/comm/archives/commission_1999_2004/lamy/speeches_articles/sp_pdef02.htm

D. Y a-t-il des formes d'environnements institutionnels plus efficientes que d'autres ?

Une dernière question, en partie reliée au précédent point, est celle de savoir si, parmi ces différents modèles institutionnels d'organisation économique – quelle que soit la typologie retenue – certains seraient économiquement supérieurs à d'autres. Il s'agit d'un débat complexe et particulièrement discuté actuellement dans lequel il n'est pas possible ici d'entrer (voir par exemple, Glaeser, La Porta, Lopez-de-Sinales et Shleifer, 2004, pour une revue récente des arguments sur les liens entre croissance économique et institutions[23]).

On peut souligner toutefois que la plupart des auteurs sont aujourd'hui d'accord pour considérer qu'un certain nombre de « dysfonctionnements » organisationnels nuisent globalement au développement et à l'action des acteurs économiques. La Banque mondiale, notamment, a identifié un certain nombre de ces dysfonctionnements qui nuisent gravement à l'économie des pays touchés : la corruption des élites (publiques et privées) et en particulier ce que l'on appelle la « captation de l'État » (manipulation par des oligarques de l'élaboration des politiques ainsi que de la création des nouvelles règles du jeu à leur avantage), la mauvaise gestion des ressources publiques ; le manque de transparence de l'information et de fortes restrictions aux libertés publiques comme celle de la presse représentent autant de facteurs qui nuisent au jeu économique (voir encadré 3).

Encadré 3

Les méfaits de la captation de l'État dans les pays en développement

Des économistes de la Banque mondiale ont développé des estimations des coûts économiques de la captation de l'État. Même s'il n'y a jamais de mesure parfaite, elle permet cependant de se faire une idée plus précise du phénomène. Leurs conclusions sont à ce sujet éloquentes :

« Les travaux montrent les performances, en termes d'augmentation du chiffre d'affaires, des entreprises captatrices par rapport à celles de toutes les autres entreprises dans les économies à forte captation et les économies à faible captation. Dans les premières, l'augmentation pour les entreprises captatrices est plus que deux fois plus rapide que pour les autres. En revanche, les entreprises captatrices ne semblent guère avantagées dans les économies à faible captation, où cette corruption de haut niveau semble tenir davantage d'une stratégie de survie pour les entreprises peu performantes.

Pourtant, même dans les économies à forte captation, les avantages individuels obtenus par les captateurs de l'État se négocient moyennant un coût social considérable. Malgré les avantages particuliers dont bénéficient les entreprises captatrices dans les économies à forte captation, le taux d'expansion globale du secteur des entreprises dans ces économies est un peu moins de la moitié de ce

23. Glaeser R., LaPorta R., Lopes-de-Silanes F. et Shleifer A. (2004), « Do Institutions Cause Growth ? », *Journal of Economic Growth*, 9(3), p. 271-303.

que l'on observe dans les économies à faible captation. La captation prélève donc un lourd tribut sur les entreprises non captatrices.

En revanche, les entreprises captatrices tirent des avantages sous forme non seulement d'une augmentation de leur chiffre d'affaires, mais aussi de biens publics fondamentaux, comme la protection de leurs droits de propriété. Les résultats de l'enquête révèlent que les entreprises captatrices peuvent compenser la faiblesse générale du respect du droit en achetant à l'État une protection "à la carte" de leurs droits de propriété. Dans les économies à forte captation, la probabilité d'un renforcement des droits de propriété dans le temps est plus de cinq fois plus élevée pour les entreprises captatrices que pour les autres.

Mais, là encore, le coût social est considérable, car l'insécurité des droits de propriété est beaucoup plus grande pour l'entreprise moyenne dans les économies fortement captatrices que dans les autres. Quand les politiciens et les bureaucrates peuvent vendre à titre privé, contre rémunération personnelle, des biens publics tels que des droits de propriété garantis à quelques entreprises, avec des répercussions minimes sur le plan officiel, ils ne sont guère enclins à donner libre accès à ces biens à l'ensemble du public. »

Source : Hellman J. et Kaufmann D. (2001), « La captation de l'État dans les économies en transition : un défi à relever » (tiré de *Finance and Development*, publié par le FMI), septembre, p. 33. Texte complet à http://www.imf.org/external/pubs/ft/fandd/fre/2001/09/pdf/hellman.pdf

S'il y a une relative unanimité pour accepter la critique sur les dysfonctionnements internes d'un système institutionnel, en revanche, le **débat sur les avantages comparés des différents modèles** reste à l'heure actuelle très ouvert. En effet, un certain nombre de questions se posent avant de pouvoir trancher :

– En tout premier lieu, il est souvent difficile de savoir **sur quelle période de temps** il faut mener la comparaison. Il peut être tentant de mener l'analyse sur quelques années, en retenant par exemple un taux de croissance. Mais, comme indiqué en début de chapitre, l'horizon temporel d'un système institutionnel peut se fixer sur plusieurs décennies, voire davantage. Or les historiens ont montré que l'économie occidentale, au Xe siècle, était relativement en retard pour devenir hégémonique à partir du XVIIIe siècle[24]. Certains considèrent aujourd'hui que le monde asiatique dominera très prochainement l'économie mondiale. Sur le long terme, les différentiels de croissance peuvent être relativisés rapidement.

– En second lieu, il n'est pas aisé de déterminer les **indicateurs de « performance »** d'un système institutionnel. Si celui le plus fréquemment retenu est le produit national brut par habitant – et son taux de croissance –, une telle vue n'est qu'une perspective très limitée de la réussite d'un système institutionnel. Certains travaux, notamment, tentent d'élargir la définition en prenant en compte d'autres dimensions comme l'autonomie *(self sufficiency)*, l'équité

24. North D. (2005), *Le Processus du développement économique*, Éditions d'Organisation.

(equity), la santé *(health)* ou la cohésion sociale *(social cohesion)*. Ces dimensions permettent de mesurer de façon plus large le « bien-être social ». Or les résultats montrent que les corrélations entre produit national brut et indicateurs sociaux ne vont pas nécessairement de soi [25].

Plutôt que de chercher à affirmer la supériorité d'un système institutionnel sur un autre, il paraît donc beaucoup plus fructueux de porter l'analyse sur la cohérence entre les niveaux macro-économiques – la détermination des règles – et micro-économiques – le jeu des acteurs. De ce point de vue, il est possible de voir les organisations et les marchés comme des interfaces qui assurent la mise en adéquation entre ces différents niveaux et dont la performance s'évalue à leur capacité de réduire les pertes d'efficience.

En ce sens, les mutations organisationnelles doivent respecter la recherche de cette cohérence interne. C'est un principe que tout bon réformateur devrait garder à l'esprit, même si l'histoire nous a appris que ce n'était pas si souvent le cas...

25. Boarini R., Johansson Å and D'Ercole M. (2006), *Alternative Measures of Well-Being*, Economics Department Working, Paper 476, OECD. Ces index synthétiques sont normalisés sur une échelle allant de 0 à 1.

Deuxième partie

L'évaluation des connaissances

Conseils méthodologiques généraux

La préparation d'une épreuve

Les révisions ont pour but de permettre à la fois l'acquisition et le développement d'une capacité de restitution d'un savoir. Elles doivent conduire à obtenir à la fois la confiance en soi et la capacité de restituer un savoir. Il est donc nécessaire d'organiser ses révisions de manière à faire l'apprentissage de ses deux aspects.

• Travailler en groupe peut être un moyen d'accélérer le processus d'acquisition du savoir et de faciliter l'évaluation des connaissances de chacun, cependant il est nécessaire de dépasser les liens purement affectifs lors de la constitution du groupe et d'éviter le manque d'habitude du travail en groupe.

• Planifier ses révisions permet d'éviter de faire des impasses sur certaines parties d'un cours tout en favorisant une progression dans l'acquisition de connaissances.

• Faire des fiches de révision favorise la mémorisation et le transfert des connaissances.

• Apprendre un cours n'est pas uniquement un exercice de pure mémorisation : il est aussi nécessaire de s'exercer à l'avance à partir de QCM, d'exercices de réflexion et de sujets de dissertation afin de pouvoir retrouver plus rapidement, le jour de l'examen, les principales notions à mobiliser lors de l'épreuve réelle.

La maîtrise d'une épreuve

• La **gestion du temps** au cours de l'épreuve repose sur la maîtrise de cinq phases :

– la lecture du sujet (et donc le choix éventuel d'un sujet parmi plusieurs proposés) ;
– l'organisation des idées (et donc la mobilisation des connaissances) ;
– la réalisation (d'un exercice ou d'une dissertation) ;
– la rédaction finale (avec une présentation facilitant la visualisation de la démarche analytique) ;
– la relecture (avec la correction orthographique).

• La **réussite d'une épreuve** suppose également l'optimisation du sujet :

– Si le sujet proposé comporte plusieurs questions ou exercices, l'étudiant doit vérifier si celles-ci sont dépendantes chronologiquement les unes des autres afin de maximiser son résultat final.
– Si le sujet proposé repose sur un seul type de question, l'étudiant ne doit pas chercher à réciter immédiatement et systématiquement tout son cours ; en revanche, il doit privilégier la mobilisation des connaissances essentielles au traitement du sujet posé. Un danger : le hors-sujet, car chaque mot du sujet a un sens précis et délimite donc le sujet à traiter.

Le questionnaire à choix multiple

Les spécificités de l'épreuve de QCM

Le QCM est une épreuve ayant pour objectif de faire sélectionner par le candidat une (ou des) réponse(s) à une question posée parmi plusieurs propositions. Le temps imparti est variable selon les épreuves ; il est cependant toujours nécessaire d'éviter la précipitation afin d'éviter les ratures ou les oublis.

• La réussite à ce type d'épreuve repose sur le respect de trois principes :

– une grande concentration pour lire attentivement chacune des questions et des propositions de réponses et pour faciliter l'identification de la forme du QCM ;
– l'entraînement préalable afin de travailler les différentes formes d'intelligence nécessaires au traitement des questions ;
– la maîtrise du déroulement de l'épreuve afin de maîtriser le temps nécessaire à l'enchaînement du traitement des questions (des plus simples aux plus complexes).

• Plusieurs grandes formes de QCM peuvent êtres proposées (et même éventuellement se combiner) :

– le QCM passif (seules doivent être cochées les réponses justes) qui repose sur un effort de mémorisation et le QCM actif qui exige le recours à une reconstruction rapide d'un raisonnement ou à un calcul ;
– le QCM binôme avec deux propositions de réponses (oui ou non) ou polynôme (plus de deux réponses possibles) ;
– le QCM uniréponse (avec une seule bonne réponse par question) ou multiréponse (avec plusieurs réponses possibles par question) ;
– le QCM à rupture avec une alternance entre questions où il faut désigner les bonnes réponses et questions où il faut désigner les mauvaises réponses ;

– le QCM à croisements (plus rare) où des questions simples (forme active ou passive) alternent avec des questions où il s'agit d'ordonner des réponses ou bien de rattacher plusieurs concepts entre eux.

Il est également nécessaire de repérer dès le début de l'épreuve les indications éventuelles concernant la notation. En effet, il est possible que, pour chaque question, des points négatifs soient affectés aux mauvaises réponses et des points positifs aux bonnes réponses. Dans ce cas, le candidat a intérêt à ne répondre que s'il est sûr de sa réponse afin de ne pas perdre de points. De même, il est dangereux de cocher systématiquement plusieurs propositions car les points positifs obtenus grâce à des réponses justes peuvent alors être annulés par une ou plusieurs autres réponses fausses. Il est donc essentiel qu'en cas de doute, le candidat choisisse la solution qui le pénalise le moins : la non-réponse (l'omission) ou l'erreur (une fausse réponse).

Le questionnaire à choix multiple

1. Dans son article fondateur de 1937 sur la nature de la firme, Ronald Coase a posé une question clef dans l'économie des organisations. Laquelle ?

a. « Il est certes important de se demander pourquoi la motivation est assurée par le mécanisme des prix dans certains cas et par des entrepreneurs dans d'autres. »

b. « Il est certes important de se demander pourquoi la coordination est assurée par le mécanisme des prix dans certains cas et par des entrepreneurs dans d'autres. »

c. « Il est certes important de se demander pourquoi la décision est assurée par le mécanisme des prix dans certains cas et par des entrepreneurs dans d'autres. »

2. Dans la conception micro-économique de la firme, l'information est considérée comme :

a. symétrique
b. asymétrique
c. transparente
d. imparfaite

Indiquez les réponses fausses.

3. Comment définir les situations d'asymétries d'information ?

a. situations où les agents économiques détiennent des informations publiques

b. situations où les agents économiques détiennent des informations privées

c. situations où aucun agent économique ne détient d'informations publiques

d. situations où aucun agent économique ne détient d'informations privées

4. La rationalité limitée des agents économiques est également dite :

a. procédurale
b. processuelle
c. procédurière
d. parcimonieuse
e. parcellaire

5. L'hypothèse d'opportunisme désigne chez les agents économiques :

a. une volonté de saisir toutes les occasions

b. une motivation centrée sur des intérêts égoïstes

c. une recherche de l'intérêt personnel par tous les moyens

d. une capacité à agir au bon moment

6. Dans l'hypothèse d'opportunisme des agents, peut on s'attendre à ce que les gens se consacrent à des actions caritatives ?

a. Oui. **b.** Non. **c.** Ni oui, ni non.

7. Lesquels de ces coûts ne sont pas des coûts de transaction ?

a. les coûts de mesure **b.** les coûts de coordination

c. les coûts de motivation

8. Laquelle de ces affirmations n'est pas vraie ?

a. La complexité des transactions réduit le surplus social, qu'elles soient gérées par des marchés ou des organisations.

b. La complexité des transactions réduit le surplus social, mais les organisations tendent à devenir plus efficientes que les marchés quand la complexité augmente.

c. La complexité des transactions réduit le surplus social, mais les organisations tendent à devenir moins efficientes que les marchés quand la complexité augmente.

9. En économie des organisations, le marché et la hiérarchie sont considérés comme :

a. des modes de coopération **b.** des modes d'information

c. des modes d'incitation **d.** des modes de coordination

10. On peut définir le mode de gouvernance comme « le cadre contractuel explicite ou implicite dans lequel se situe une transaction ».

a. Vrai. **b.** Faux.

c. Il n'y a pas assez d'informations pour se prononcer.

11. Laquelle de ces affirmations est vraie ?

a. Plus le mode de gouvernance est proche du système de marché, moins il est incitatif pour les agents sur une base individuelle.

b. Plus le mode de gouvernance est proche de la hiérarchie, plus il présente de contrôles administratifs sur l'échange.

c. Plus le mode de gouvernance est proche du système de la hiérarchie, plus il est capable de s'adapter de manière autonome aux variations de l'offre et de la demande.

d. Plus le mode de gouvernance est proche du système de marché, plus il est capable de s'adapter de manière coordonnée à des contingences non anticipées.

12. Qu'est-ce qui n'est pas une caractéristique d'un droit de propriété ?

a. aliénable **b.** transférable

c. exclusif **d.** substituable

13. Un loueur de voitures doit essentiellement faire face avec ses clients à un problème de :

a. sélection adverse **b.** risque moral

c. sélection adverse et risque moral **d.** ni l'un ni l'autre

14. Lors d'un entretien de recrutement, le responsable du personnel fait essentiellement face à un problème de :

a. sélection adverse **b.** risque moral

c. sélection adverse et risque moral **d.** ni l'un ni l'autre

15. Quelle expression est correcte ?

a. L'information est un bien tacite qui a un caractère souvent privé.

b. L'information est un bien privé qui a un caractère souvent explicite.

c. L'information est un bien public qui a un caractère souvent tacite.

d. L'information est un bien explicite qui a un caractère souvent public.

16. Le transfert de connaissances entre agents économiques ne se fait pas sans coût. Parmi les éléments suivants, lequel est le moins coûteux à transférer ?

a. le savoir tacite **b.** l'apprentissage

c. le savoir codifié **d.** le savoir spécifique

17. On parlera de dysfonctionnement du système de marché lorsqu'il y aura :

a. fixation d'un prix de monopole

b. fixation d'un prix inférieur au coût moyen total

c. impossibilité de fixation d'un prix

18. Dans la réalisation de l'échange, les coûts de marchandage sont des coûts :

a. *Ex ante* **b.** *Ex post*

c. *Ex ante* et *ex post* **d.** Ni l'un ni l'autre

19. Quelle est la meilleure des trois expressions suivantes pour qualifier la rationalité limitée des agents ?

a. « On a tous une part d'irrationnel » **b.** « On ne peut pas tout prévoir »

c. « On est tous sujets à l'opportunisme »

20. Comment définir le principe de satisfaction énoncé par Herbert Simon ?

a. Un individu va arrêter sa décision dès qu'il va trouver une solution qui va optimiser le niveau d'aspiration fixé au départ.

b. Un individu va arrêter sa décision dès qu'il va trouver une solution qui va correspondre au niveau d'aspiration fixé au départ.

c. Un individu va arrêter sa décision dès qu'il va trouver une solution qui va dépasser le niveau d'aspiration fixé au départ.

21. Lequel des coûts suivants n'est généralement pas considéré comme irrécupérable ?

a. la publicité **b.** la R&D

c. les stocks **d.** les machines-outils spécialisées

22. Une entreprise de logiciels dépense 100 000 euros pour développer un programme pour un gros client. En cas de rupture de contrat, le client s'engage à financer en tout état de cause 50 % du développement au minimum. À combien s'élève au maximum le risque de pertes économiques pour l'entreprise ?

a. 100 000 euros
b. 50 000 euros
c. 0 euros
d. impossible à déterminer

23. Qu'entend-on par « coûts d'influence » ?

a. des coûts qui pèsent très lourd sur le total
b. des coûts liés à des pertes d'efficience dans l'allocation des ressources
c. des coûts qui tiennent à des difficultés de coordination entre employés
d. des coûts qui correspondent à un manque de motivation des dirigeants

24. Un contrat est incomplet :

a. s'il ne prend pas en compte toutes les contingences possibles
b. s'il ne prend pas en compte l'incertitude
c. s'il prend en compte les contingences de manière imparfaite
d. s'il inclut les situations d'incertitude

25. En général, on considère que le développement des nouvelles technologies de l'information et de la communication (NTIC) a sur l'économie un impact :

a. positif sur l'offre et négatif sur la demande
b. positif sur l'offre et positif sur la demande
c. négatif sur l'offre et négatif sur la demande
d. négatif sur l'offre et positif sur la demande

26. On considère généralement en théorie que les nouvelles technologies de l'information et de la communication (NTIC) tendent, dans l'économie, à

a. augmenter le niveau des coûts de transaction
b. baisser le niveau des coûts de transaction
c. être sans effet sur le niveau des coûts de transaction

27. Lequel des facteurs suivants ne représente pas un motif à l'externalisation ?

a. accroître la diversité de son offre
b. améliorer la flexibilité de son organisation
c. développer les économies d'échelle
d. favoriser la diversification des activités

28. L'existence d'interconnexions entre les transactions pose essentiellement des problèmes en termes de :

a. coûts de mesure
b. coûts de production
c. coûts d'agence
d. coûts d'ajustement

29. On considère souvent les marchés et les entreprises comme des structures de gouvernance :

a. complémentaires
b. connexes
c. alternatives
d. identiques

30. Lequel des éléments suivants ne constitue pas un attribut d'une transaction économique ?

a. la spécificité des actifs
b. l'incertitude
c. l'externalité
d. la fréquence

31. On dit qu'un actif est spécifique :

a. lorsqu'il peut être redéployé vers un autre usage ou repris par un autre utilisateur sans subir une baisse significative de sa valeur

b. lorsqu'il ne peut pas être redéployé vers un autre usage ou repris par un autre utilisateur sans subir une hausse significative de sa valeur

c. lorsqu'il ne peut pas être redéployé vers un autre usage ou repris par un autre utilisateur sans subir une baisse significative de sa valeur

32. Les concepts d'actifs fixes et spécifiques sont :

a. synonymes
b. antagonistes
c. complémentaires
d. indépendants

33. Lequel des éléments suivants ne constitue pas une spécificité ?

a. la spécificité de site
b. la spécificité des actifs physiques
c. la spécificité des actifs financiers
d. la spécificité des actifs humains
e. la spécificité des actifs dédiés

34. Dans une transaction, le niveau d'incertitude dépend de l'émergence :

a. d'événements prévisibles
b. d'événements imprévisibles
c. d'événements probabilisables
d. d'événements nouveaux

35. Lequel des coûts suivants ne forme pas un coût bureaucratique ?

a. coûts d'évaluation de la productivité individuelle
b. coûts d'influence
c. coûts de définition d'un mécanisme organisationnel
d. pouvoir discrétionnaire des managers
e. manque d'incitants
f. coûts de management de l'organisation
g. clémence

36. Si une firme économise sur le coût moyen lorsqu'elle augmente la variété de ses biens et de ses services, il y a :

a. économie d'échelle
b. économie de champ
c. effet d'expérience
d. économie de mesure

37. Quelles sont les dimensions structurelles d'une segmentation stratégique ?

a. gamme de technologies / segmentation de clients/ produit

b. gamme de clients / segmentation de produits / technologie

c. gamme de produits/ segmentation de technologies / client

d. gamme de produits/ segmentation de clients/ technologie

38. Quel facteur n'est pas source d'économies d'échelle ?

a. les indivisibilités dans les coûts fixes

b. la spécificité des actifs

c. la main-d'œuvre

d. les dépenses de recherche et développement

39. Lequel de ces termes n'est pas directement lié aux questions d'intégration verticale ?

a. *outsourcing* **b.** partenariat

c. internalisation **d.** croissance organique

40. Le risque de « double marginalisation » suffit-il à justifier l'intégration verticale ?

a. Oui. **b.** Non. **c.** Indéterminé.

41. Quel élément n'est pas affecté par le risque de hold-up ?

a. la hausse des coûts de négociation

b. le nombre de transactions illégales

c. le sous-investissement en actifs spécifiques

d. les investissements pour favoriser les marchandages *ex post*

42. Les opérations d'intégration ne peuvent pas être :

a. verticales **b.** horizontales **c.** diagonales **d.** latérales

43. Soit l'indice $D = \sum_{i=1}^{n} p_i . \log \frac{1}{p_i}$. S'agit-il :

a. de l'indice d'Herfindhal **b.** de l'indice d'entropie

c. de l'indice de Keiser **d.** d'aucun de ceux-là

44. Dans les processus d'internationalisation, lequel des éléments suivants représente plutôt une limite « naturelle » aux échanges marchands ?

a. le réglementations nationales

b. les droits de douane

c. les externalités non pécuniaires

d. tous ces éléments sont des limites naturelles.

45. Selon vous, quelle activité aura le plus de probabilités de se développer par la croissance externe ?

a. agence de publicité **b.** services bancaires

c. production de logiciels **d.** restauration rapide

46. Dans les années 1920, General Motors et Fisher Body ont eu un conflit contractuel. Pourquoi cela s'est-il achevé par le rachat de Fisher Body par General Motors ?

a. pour améliorer les économies d'échelle

b. pour faciliter l'arbitrage

c. pour limiter les asymétries d'information

d. pour augmenter les marges

47. Étudier les frontières de la firme, c'est s'interroger sur :

a. ses limites géographiques

b. la nature de ses activités économiques

c. son taux de croissance

d. le périmètre des activités qu'elle gère sous mode hiérarchique

48. Soit une entreprise industrielle qui recourt aux services d'un cabinet juridique. Quel problème risque principalement de se poser si aucune mesure particulière n'est prise ?

a. un nombre d'heures prestées inférieur à l'accord signé

b. une baisse de la rémunération horaire

c. une mauvaise qualité dans la prestation de services

d. tous ces problèmes

49. Lorsqu'une transaction implique la mise en place d'actifs spécifiques, quel mode de gouvernance favorise le mieux l'ajustement des agents en cas de changement imprévu (par exemple, des problèmes technologiques) ?

a. la hiérarchie **b.** le marché **c.** les deux se valent.

50. Une quasi-rente est :

a. toujours supérieure à la rente **b.** toujours inférieure à la rente

c. parfois supérieure, parfois inférieure, selon les fluctuations de prix

51. Une opération d'intégration verticale permet de :

a. favoriser la coopération entre les agents économiques ;

b. réaliser des économies d'échelle ;

c. profiter de rentes monopolistiques.

52. Laquelle de ces raisons justifie le mieux l'efficacité économique d'une opération de diversification ?

a. Cela permet de réduire les coûts d'agence.

b. Cela permet de se concentrer sur son métier d'origine.

c. Cela permet de mieux gérer des actifs sous-utilisés.

53. Les dépenses de recherche et développement (R&D) représentent pour une entreprise :

a. des coûts irrépressibles **b.** des coûts irréversibles

c. des coûts fixes

54. Quel est l'ordre généralement retenu pour décrire les étapes de la prise de décision dans l'organisation ?

a. initiation / mise en œuvre / évaluation / ratification

b. initiation / ratification / mise en œuvre / évaluation

c. initiation / évaluation / ratification / mise en œuvre

d. initiation / évaluation / mise en œuvre / ratification

55. On considère généralement qu'il n'est pas possible de rémunérer individuellement des déménageurs qui travaillent en équipe. Quelle est la principale raison ?

a. des coûts de mesure excessifs
b. des coûts de transaction insuffisants
c. des coûts de production liés
d. une structure d'incitation insuffisante

56. Une société comme DELL est généralement présentée comme un exemple d'entreprise

a. en réseau
b. intégrée
c. matricielle
d. organique

57. Lequel des éléments suivants est principalement un inconvénient d'une structure fonctionnelle ?

a. manque de clarté dans la définition des rôles de chacun

b. les dirigeants négligent les problèmes stratégiques.

c. conflits entre les divisions pour le partage des ressources

d. « réunionite »

58. Quelle est l'affirmation la plus pertinente ?

a. Le travail en équipe favorise la pertinence des décisions.

b. Le travail en équipe favorise l'innovation.

c. Le travail en équipe permet une prise de décision plus rapide.

d. Le travail en équipe permet de limiter les risques de surcharge informationnelle.

59. Dans une organisation, une relation d'autorité est conditionnée à l'existence :

a. d'une équipe
b. d'une tâche
c. d'une hiérarchie
d. d'une rémunération

60. Qu'est-ce que la décentralisation favorise ?

a. la réduction des problèmes d'agence
b. la baisse des besoins de coordination
c. l'augmentation de la hiérarchie
d. la motivation locale

61. Alfred Sloan fut le dirigeant de General Motors dans l'entre-deux-guerres. Il est généralement considéré comme l'un des inventeurs de la structure multidivisionnelle. Pour quelle raison Sloan a-t-il « inventé » cette structure multidivisionnelle chez General Motors ?

a. pour réduire la complexité des processus internes de fabrication

b. pour augmenter les économies d'échelle

c. pour développer la diversification

d. pour mettre en œuvre la différenciation

62. Dans quel(s) cas le travail en équipe vous semble-t-il être un choix d'organisation préférable ?

a. développement du projet de l'organisation des jeux Olympiques dans votre ville

b. gestion du système comptable de votre entreprise

c. vente en porte à porte de votre ligne de produits de beauté

d. création d'une nouvelle entreprise

63. Si dix personnes travaillent ensemble, le fait qu'elles appartiennent à la même entreprise plutôt que d'être indépendantes les unes envers les autres permet de réduire le nombre de contrats à rédiger approximativement de :

a. 80 % **b.** 50 % **c.** 20 % **d.** 0 %

64. Les économistes considèrent le contrat de travail comme un contrat :

a. parfait **b.** imparfait **c.** complet **d.** incomplet

65. Par quelle expression peut-on le mieux caractériser le principe de subordination ?

a. cession d'un droit de faire **b.** cession d'un pouvoir de faire

c. cession d'un vouloir faire **d.** cession d'un droit de vouloir

66. Dans une hiérarchie, on quantifie théoriquement le nombre d'interactions possibles entre les individus par la formule suivante :

a. (n(n – 1))/2) **b.** n – 1 **c.** (n – 1)/2 **d.** 2.(n – 1)

67. Dans une équipe, on quantifie théoriquement le nombre d'interactions possibles entre les individus par la formule suivante :

a. (n(n – 1))/2) **b.** n – 1 **c.** (n – 1)/2 **d.** 2.(n – 1)

68. La décentralisation peut permettre :

a. de valoriser l'information locale

b. d'améliorer la gestion des locaux

c. d'accroître la motivation du « middle management »

d. d'économiser le temps du « top management »

Éliminez la mauvaise réponse.

69. Quelle structure est à votre avis celle qui permet d'exploiter le plus les effets de la spécialisation du travail ?

a. la structure fonctionnelle **b.** la structure unitaire

c. la structure multidivisionnelle **d.** Les trois le font de manière identique.

70. Quelle structure est à votre avis la mieux à même de gérer les questions complexes d'allocations de ressources ?

a. la structure fonctionnelle **b.** la structure unitaire

c. la structure multidivisionnelle **d.** Les trois le font de manière identique.

71. Quelle raison motive principalement la mise en place d'incitants dans les contrats de travail ?

a. lutter contre la paresse

b. réduire les divergences d'intérêt

c. favoriser la concurrence entre les employés

d. permettre à l'agent de mieux définir ses attentes

72. Quelle affirmation n'est pas vraie ?

a. Les coûts d'agence sont liés à une séparation de la propriété et de la décision.

b. Les coûts d'agence n'existent pas en information parfaite.

c. Les coûts d'agence ne sont supportés que par les principaux.

d. Les coûts d'agence sont liés à des divergences d'intérêt.

73. S'il n'est pas possible de mesurer l'effort de l'employé, il suffit alors de le rémunérer sur ses résultats.

a. Oui. **b.** Non. **c.** Cela dépend. **d.** Impossible à dire.

74. Si un principal souhaite transférer à l'agent ses droits de propriété, quels facteurs peuvent en limiter la faisabilité ?

a. les coûts de transaction **b.** les contraintes de richesse

c. l'aversion au risque **d.** le manque de motivation

75. Dans une structure de rémunération comprenant un fixe plus un variable, quel aspect n'est pas considéré ?

a. l'attraction des talents **b.** la motivation des agents

c. la récompense en fonction des actions **d.** l'aversion au risque des agents

76. Quel élément n'entre pas dans la définition du capital humain ?

a. diplômes **b.** intelligence **c.** apprentissage

d. Tous les éléments entrent dans la définition.

77. Dans une équipe, si vous ne pouvez pas observer l'effort individuel de vos employés, le mieux est de les rémunérer en fonction :

a. de leurs déclarations collectives **b.** de leurs résultats individuels

c. du temps passé par chacun **d.** des résultats globaux

78. Le problème dit de « cavalier solitaire » *(free rider)* concerne essentiellement :

a. les externalités de réseau **b.** les baisses d'incitation

c. les rendements décroissants **d.** les problèmes de fraude fiscale

79. Qu'est-ce qui n'entre pas dans la définition d'un « marché interne du travail » ?

a. le salaire variable **b.** la promotion **c.** l'ancienneté

d. Tous les facteurs sont à prendre en compte.

80. Introduire un principe d'ancienneté dans le contrat de travail peut :

a. réduire le chômage **b.** développer le capital humain

c. augmenter les incitants **d.** démotiver les nouvelles recrues

81. Un système comme la « validation des acquis de l'expérience » représente pour l'employé, à court terme :

a. une rémunération monétaire **b.** une motivation non monétaire

c. une rémunération non monétaire **d.** une motivation monétaire

82. Dans un salaire qui comprend un fixe plus un variable, la partie variable permet à l'agent :

a. de récompenser son effort **b.** de limiter son aversion au risque

c. de réduire le facteur aléatoire **d.** tous ces facteurs à la fois

83. Quel type d'emploi a le plus de chances de comprendre une partie importante de rémunération variable ?

a. gestionnaire de ressources humaines **b.** agent de sécurité

c. agent commercial **d.** économiste d'entreprise

84. Dans quelle situation le suivi des performances d'un agent est-il le plus difficile à réaliser ?

a. L'effort de l'agent est directement observable par le principal.

b. L'effort de l'agent n'est pas directement mesurable par le principal mais ce dernier peut évaluer le travail de l'agent.

c. L'effort de l'agent n'est pas directement mesurable et le résultat de son travail est tout aussi difficile à évaluer.

85. Une méthode d'évaluation à 360 degrés peut permettre d'améliorer l'information sur :

a. la motivation de l'agent **b.** l'effort réel du principal

c. la motivation du principal **d.** l'effort réel de l'agent

86. Un rapport d'évaluation externe du travail d'un agent permet de limiter :

a. les coûts d'agence **b.** les coûts de transaction

c. les coûts d'influence **d.** les coûts de mesure

87. Quels problèmes peut-on voir émerger avec la mise en place de systèmes d'incitants dans une organisation ?

a. développement du stress **b.** réduction des collaborations

c. baisse des coûts d'influence **d.** hausse des coûts de mesure

88. On dit souvent que l'environnement institutionnel définit :

a. les règles du jeu économique

b. le système qui institue les questions d'environnement

c. l'ensemble des externalités économiques

d. la façon dont les acteurs économiques créent de la valeur

89. D'un point de vue large, les trois dimensions de l'environnement institutionnel sont :

a. la dimension régulatrice **b.** la dimension positiviste

c. la dimension normative **d.** la dimension cognitive

90. Selon l'économiste Douglass North, une fonction clef des institutions est :

a. d'augmenter la productivité des individus

b. d'encadrer la liberté de choix des individus

c. de réduire l'incertitude au niveau des individus

d. d'accroître la sécurité des échanges économiques

91. Pour que l'on considère qu'il y a investissement direct à l'étranger, il faut un seuil minimal de participation dans le capital (selon les pays) :

a. d'au moins 5 à 10 %
b. d'au moins 10 à 25 %

c. d'au moins 25 à 50 %
d. d'au moins 50 %

92. Quels facteurs économiques favorisent le développement de l'organisation multinationale ?

a. les dépenses de R&D
b. les dépenses publicitaires

c. l'accès aux matières premières
d. l'accès aux réseaux de transport

93. Quand une organisation entre dans un nouveau pays pour une transaction donnée, cela tend à

a. augmenter ses coûts de transaction

b. réduire ses coûts de transaction

c. cela dépend

d. c'est sans impact sur les coûts de transaction

94. Par comparaison avec la firme américaine, la firme japonaise :

a. favorise la coordination horizontale
b. défavorise la coordination horizontale

c. favorise la coordination verticale
d. défavorise la coordination verticale

95. Dans les différents modèles de capitalisme qui ont été mis en avant, lequel concerne la France ?

a. le modèle rhénan
b. le modèle colbertiste

c. le modèle social
d. le modèle libéral

96. Quel est le point commun entre l'Allemagne, l'Autriche et Taiwan ?

a. la langue
b. le système juridique

c. la structure industrielle
d. les règles de concurrence

97. Quelle affirmation vous semble la plus juste ?

a. Il existe par nature des environnements institutionnels plus efficaces que d'autres.

b. Il n'existe pas, par nature, des environnements institutionnels plus efficaces que d'autres.

c. Il est impossible de se prononcer.

98. Quelle affirmation vous semble la plus juste ?

a. Pour accroître l'efficacité d'une économie, il faut développer les marchés.

b. Pour accroître l'efficacité d'une économie, il faut développer les organisations.

c. Pour accroître l'efficacité d'une économie, il faut développer marchés et organisations conjointement.

99. Au total, le XXe siècle aura marqué avant tout :

a. l'avènement de marchés mondiaux

b. l'avènement d'organisations mondiales

c. l'avènement de politiques économiques globales

100. Globalement, l'objectif principal de l'économie des organisations est de :

a. s'intéresser à la spécificité des hiérarchies et en comprendre la raison d'être

b. s'intéresser aux dysfonctionnements des marchés et en comprendre les effets

c. s'intéresser aux divers modes d'échanges entre les agents économiques et en comprendre la rationalité

Réponses au QCM

1. b
2. b, d
3. b
4. a
5. c
6. c
7. c
8. c
9. d
10. a
11. b
12. d
13. b
14. a
15. c
16. c
17. c
18. a
19. b
20. b
21. c
22. d,
23. b
24. a
25. b
26. b
27. d
28. a
29. c
30. c
31. c
32. d
33. c
34. b
35. d
36. b
37. d
38. c
39. d
40. b
41. b
42. c
43. b
44. c
45. d
46. c
47. d
48. a
49. a
50. a
51. a
52. c
53. b
54. d
55. a
56. a
57. b
58. b
59. c
60. d
61. d
62. a, d
63. a
64. d
65. b
66. b
67. a
68. b
69. a
70. c
71. b
72. c
73. c
74. a, b, c
75. a
76. d
77. d
78. a
79. a
80. b
81. b
82. a
83. c
84. c
85. d
86. c
87. a, b, d
88. a
89. a, c, d
90. c
91. b
92. a, b, c
93. a
94. a
95. b
96. b
97. b
98. c
99. b
100. c

Exercices d'application et de réflexion

La spécificité d'une épreuve portant sur des exercices d'application comme sur des sujets de réflexion consiste en la nécessité de concilier : la connaissance théorique (et donc les concepts clés présentés dans le cours) et une connaissance personnelle de l'environnement économique des organisations. Il s'agit donc de concilier le « savoir théorique » avec le *« savoir factuel »* et le *« savoir expliquer »*.

Les **exercices d'application** représentent une forme simple de réplication d'une méthodologie (quantitative ou qualitative) avec des données qui varient. Ils permettent en quelque sorte de vérifier que l'on est capable d'appliquer le raisonnement même si les données de contexte changent. Les sujets de réflexion, beaucoup plus, permettent de vérifier l'appropriation des idées et des concepts. Ils fournissent un matériau intellectuel à partir duquel chacun doit s'efforcer de produire un raisonnement propre en mobilisant des cadres analytiques. De ce point de vue, il n'y a généralement pas *a priori* une solution, mais plutôt un choix possible parmi des alternatives qu'il faut s'efforcer de définir de manière raisonnée.

Dans une **étude de cas**, il importe donc en tout premier lieu d'expliciter la problématique sous-jacente et qui peut parfois être peu explicite derrière l'accumulation d'informations. Une fois éclairci le problème clef, il faut y apporter une réponse spécifique (c'est-à-dire qui correspond aux problèmes particuliers du cas) en utilisant un cadre de réflexion (ou une méthodologie) générique. S'approprier une connaissance, c'est ainsi développer ses cadres de pensée à des questions nouvelles, ce n'est pas appliquer des solutions toutes faites à des problèmes non vraiment traités. Ces principes s'appliquent également lorsque le sujet de réflexion n'est pas un cas mais une question de type dissertation.

Exercice 1

Imaginez que vous possédiez un bateau SoStar (modèle imaginaire) dont vous avez pris grand soin mais dont vous devez vous séparer car votre future épouse a le mal de mer. Comme vous l'avez acheté 30 000 euros, il vous semble tout à fait justifié d'en obtenir 20 000, même si vous êtes prêt à un sacrifice de 3 000 euros supplémentaires. Cependant, sur ce marché, si beaucoup d'autres prennent autant soin de leur navire, il faut bien reconnaître que 60 % des vendeurs de SoStar proposent en fait des bateaux qui souffrent de vices cachés plus ou moins graves et ils seraient on ne peut plus heureux de gagner 10 000 euros, et pas plus. Or, du fait de la difficulté et du coût d'une inspection (généralement évaluée autour de 7 000 à 8 000 euros), il n'est pas véritablement possible de vérifier le produit avant l'achat.

Sur un tel marché, à quel prix se fixera en moyenne la vente d'un SoStar ?

Exercice 2

Soit un marché caractérisé par d'importantes économies d'échelle. En général, après 10 000 unités vendues, toutefois, les rendements deviennent constants.

Si ce marché peut permettre d'écouler jusqu'à 50 000 unités, quel est le nombre maximum d'entreprises susceptibles de survivre sur ce marché ?

Exercice 3

Imaginons une société de services informatiques qui réalise un nouveau système d'information pour une grande entreprise du bâtiment. Dans le cadre du lancement de ce projet, le bâtisseur demande à son sous-traitant d'investir dans de nouvelles compétences en informatique afin de pouvoir développer de nouvelles fonctionnalités qui lui donneront un avantage particulier sur les concurrents. L'entreprise anticipe qu'elle devrait à terme pouvoir gagner 10 % de part de marché. Afin de réaliser les investissements que requiert la demande de son client, l'informaticien doit contracter auprès des banques un prêt de 100 000 euros qu'il devra rembourser mensuellement. Par ailleurs, le sous-traitant estime que ce projet nécessitera environ 10 000 heures de travail, à un coût horaire de 50 euros. Enfin, dans le cas où il y aurait un profond désaccord commercial, il est prévu que l'informaticien pourra récupérer la moitié de son investissement en travaillant avec une autre entreprise.

- **À quel prix minimal l'informaticien acceptera-t-il le marché ?**
- **S'il réussit à obtenir un prix supérieur de 10 %, combien d'euros ce marché représente-t-il ?**
- **Estimez la quasi-rente liée à cette transaction.**
- **Pour quelle fourchette de prix l'informaticien risque-t-il un « hold-up » de la part de l'entreprise ?**
- **Quelles recommandations feriez-vous pour sécuriser la situation de l'informaticien ?**

Exercice 4

Delphine est styliste et travaille pour Jean-Paul Gotier à Paris. Ses préférences dépendent de son salaire (X) et sont données par la fonction d'utilité suivante : $U = X^{1/2}$. Actuellement, elle perçoit un salaire annuel certain de 29 000 €. Après avoir lu le livre sur l'économie des organisations, Jean-Paul songe à une nouvelle politique de rémunération variable afin de motiver l'esprit créatif de Delphine. Lors d'un défilé au Ritz, il vous fait part de son idée :

– un fixe annuel de 10 000 € ;

– une commission variable suivant le niveau des ventes :

- si les ventes dépassent 0,5 million d'euros, elle recevra un bonus annuel de 20 000 € ;
- si les ventes s'élèvent à plus d'un million, son bonus serait de 30 000 €.

Il vous avoue que les ventes ne dépassent que très exceptionnellement le million d'euros. Cela n'arrive en moyenne que deux fois tous les dix ans. Cependant, 7 années sur 10, les ventes fluctuent entre 0,5 et 1 million.

Répondre aux questions suivantes :

1 : Delphine est-elle :

A. neutre au risque ?

B. averse au risque ?

C. Elle aime le risque.

2 : Pensez-vous que Delphine va choisir :

A. le plan fixe ?

B. le plan variable ?

C. Elle est indifférente.

Exercice 5

Lisez attentivement l'article suivant et répondez ensuite aux questions.

Extraits de : « L'ère de l'électronique sans usines s'impose à Alcatel », *La Tribune*, édition du 28/06/2001 (Sophie Sanchez, avec Olivier Nicolas).

Serge Tchuruk se propose d'externaliser les activités manufacturières à faible valeur ajoutée. Le groupe reste évasif quant au nombre de sites de production qu'il compte effectivement conserver. L'équipementier précise que 10 000 à 12 000 personnes sur les 110 000 qu'il emploie dans le monde sont concernées. « Nous allons bientôt être une société sans usines. » Cette petite phrase de Serge Tchuruk lâchée au *Wall Street Journal* (WSJ) a fait hier l'effet d'une bombe. Le numéro un des équipementiers en télécommunications français a décidé d'accélérer sa restructuration en externalisant l'essentiel de ses usines.

Selon le quotidien américain des affaires *Wall Street Journal*, Serge Tchuruk n'entend conserver qu'« une douzaine ou moins » d'unités de production dans le monde d'ici la fin 2002. Sachant que le groupe en compte actuellement une centaine, l'opération reviendrait à une division par huit du nombre de ses usines.

[...] Concrètement, Alcatel entend céder à des sous-traitants les activités manufacturières « banales », dont la valeur ajoutée décroît, comme il l'a déjà fait en cédant l'usine de téléphonie mobile de Laval (Mayenne) au Singapourien Flextronics. Ainsi, dans le domaine des produits de grande consommation, Alcatel a conclu ou pourrait conclure, sous forme de joint-venture ou de cession, des accords avec Thomson Multimédia. Du côté de l'électronique professionnelle, qu'il s'agisse de la défense ou de marchés étatiques, Alcatel entend également diversifier ses partenariats, sachant qu'il travaille déjà avec Thales. Enfin, comme annoncé, la division distribution aux entreprises (6 000 personnes) sera cédée.

L'équipementier compte gagner ainsi en souplesse, faisant valoir que les sous-traitants sur lesquels il se reposera disposeront d'un portefeuille d'activités suffisamment large pour absorber les à-coups des marchés. [...] En revanche, Alcatel n'entend pas sous-traiter les activités manufacturières qui lui sont propres, parce qu'elles sont très complexes ou font appel à des technologies qui n'existent pas sur le marché. Ainsi, le groupe exclut de céder ses productions dans les secteurs de l'espace, des sous-marins, des composants ou des réseaux optiques, autant de branches « extrêmement pointues ».

- **Qu'entend Serge Tchuruk par l'expression « entreprise sans usine » ?**
- **Quelles sont les questions clefs que Serge Tchuruk doit se poser pour évaluer s'il doit ou non externaliser une activité ? Présentez de manière articulée les différentes questions et justifiez-les.**
- **Si vous étiez consultant(e) auprès de Serge Tchuruk, est-ce que vous lui recommanderiez de poursuivre son projet ? Justifiez votre position.**

Exercice 6

Lisez attentivement l'article suivant et répondez ensuite aux questions.

À l'ANPE, « plus on est impliqué dans le poste, plus la prime augmente »

Cette directrice départementale de l'ANPE a reçu, il y a quelques mois, sa première *« prime de performance » : « environ 2 000 euros »*. Et comme elle dirige un *« grand »* département, elle perçoit une indemnité forfaitaire de direction de 2 940 euros – cette prime étant de 1 470 euros dans les plus petits départements. Elle préfère rester anonyme, mais livre son salaire brut annuel : *« Dans les 46 368 euros, hors primes. »* Nous l'appellerons Anne.

Tous les directeurs départementaux et les directeurs régionaux perçoivent désormais ces deux primes, selon un accord signé en 2001 par la CFDT et la CFE-CGC, et rejeté par le Syndicat national unitaire (SNU, affilié à la FSU), majoritaire à l'ANPE, ainsi que par les autres organisations syndicales de l'entreprise publique. Les premiers assument l'idée que l'ANPE est une « entreprise de services », les seconds maintiennent que le service public de l'emploi « ne peut pas être une entreprise comme les autres ».

Cette gestion des agents « d'en haut » est destinée à coller au plus près du terrain : chaque directeur départemental ou régional fixe les critères de la prime de performance avec son supérieur hiérarchique. Les objectifs peuvent varier d'un département à l'autre, « car chaque bassin d'emploi est différent », explique Anne. Selon les cas, on accordera plus ou moins de poids à la « diminution du nombre de jeunes demandeurs d'emploi » ou au « nombre de sorties de bénéficiaires du RMI ».

Globalement, le montant de la prime de performance versée en 2003 a oscillé entre 350 euros et 4 700 euros, avec une moyenne de 2 320 euros, selon la direction générale. Elle représente 5 % de la rémunération fixe annuelle des directeurs départementaux. « Plus on est impliqué dans le poste, plus la prime augmente », résume Anne.

C'est l'inverse avec l'indemnité forfaitaire de direction, dont le niveau diminue avec le temps. C'est qu'elle obéit à une logique différente : elle vise à récompenser la mobilité géographique ou fonctionnelle des directeurs départementaux qui, désormais, doivent changer de poste tous les cinq ans.

Ainsi, 100 % de la prime est versée six mois après l'arrivée sur le poste ; puis seulement 50 % au bout de 18 mois, 25 % au bout de 30 mois, etc., jusqu'à devenir nulle au-delà de 42 mois. Soit un an et demi avant la prochaine mutation.

« C'est le signe qu'il faut commencer à chercher ailleurs », explique Anne, qui juge cet accompagnement financier « insuffisant » pour compenser les tracas d'un déménagement.

La rémunération au mérite va s'étendre progressivement aux agents « d'en bas ». Déjà, les directeurs d'agence perçoivent une prime annuelle qui peut représenter jusqu'à 15 % de leur rémunération annuelle fixe, ainsi que les animateurs d'équipe. « En 2004, ces deux primes seront fusionnées et leur montant revalorisé pour instituer une prime de performance voisine de celle des directeurs départementaux », dit-on à la direction.

Source : Le Monde, 19-20 octobre 2003.

Note : L'Agence nationale pour l'emploi (ANPE) a été créée en France en juillet 1967 pour organiser l'intervention publique sur le marché du travail.

- **Comment évaluez-vous l'efficacité d'un tel système d'incitations dans une organisation telle que l'ANPE, dont la mission est de favoriser la rencontre des offreurs et des demandeurs d'emplois ? Existe-t-il des inconvénients à ce système ?**
- **Dans l'évaluation de la performance des employés, il faut souvent utiliser des méthodes multicritères pour essayer d'avoir une image le moins biaisée possible de la réalité. Mais l'outil de mesure est-il neutre par rapport au comportement des agents évalués ?**

Exercice 7

Si les marchés sont des « merveilles », pourquoi existe-t-il encore des organisations dans l'économie ?

Corrigés des exercices d'application et de réflexion

Exercice 1

En fait, dans la situation décrite, il ne sera pas possible d'aboutir à un accord entre les vendeurs et les acheteurs – et donc de fixer un prix. De fait, le prix moyen théorique devrait s'élever à 14 000 euros ($10\ 000 \times 0{,}6 + 20\ 000 \times 0{,}4$). Mais à ce prix-là, les propriétaires de bateau de bonne qualité ne seront plus intéressés à vendre et sortiront du marché. Le prix moyen va donc tendre à baisser jusqu'à 10 000 euros, le prix des bateaux de mauvaise qualité. Mais, s'il ne reste plus que ce type de vendeurs sur le marché, il est à craindre que les acheteurs finissent par ne plus vouloir acheter et donc qu'il n'y ait plus du tout de marché.

Dans les faits, pour que ce marché puisse fonctionner, il faudrait que les parties prenantes acceptent d'incorporer les coûts d'inspection. Cela ferait bien sûr monter les prix de vente mais au moins cela permettrait au marché d'exister dans la mesure où acheteurs et vendeurs pourraient négocier un prix en fonction d'une qualité.

Exercice 2

Pour survivre il faut produire au moins 10 000 unités pour atteindre le seuil critique des rendements constants. Par ailleurs, le marché compte 50 000 unités. Le nombre maximum d'entreprises sur ce marché est donc de 5 (50 000 / 10 000).

Exercice 3

- Pour l'informaticien, l'entrée sur ce marché implique d'assumer les dépenses suivantes :
  - 100 000 euros d'investissements ;
  - 10 000 heures de travail à 50 euros, soit 500 000 euros,

ce qui fait un total de 600 000 euros, somme minimale pour accepter le marché.

- Si l'informaticien réussit à obtenir un prix supérieur de 10 %, soit 60 000 euros, ce marché représentera 660 000 euros.
- Sur cette base la quasi-rente représente 330 000 euros, soit la différence entre la valeur du marché et celle de la seconde meilleure solution.
- En cas de renégociation, la zone de « hold-up » se situe entre 330 000 et 660 000 euros.
- Plusieurs possibilités peuvent exister pour limiter ce risque : codévelopper des investissements spécifiques ; rédiger un contrat prévoyant des clauses de renégociation beaucoup plus contraignantes ; ou alors prévoir des solutions de sortie qui limitent les risques de pertes. Dans tous les cas, ce type de face-à-face ne pourra se développer dans le temps que si les partenaires mettent en place une relation bilatérale qui les engage mutuellement dans la durée.

Exercice 4

Question 1 :

La réponse juste est la réponse B, averse au risque. Cela se voit par la forme de sa courbe d'utilité (vous pouvez faire un graphique pour $U = X^{1/2}$).

Question 2 :

La réponse juste est la réponse B, le plan variable. En effet, le plan variable peut être analysé comparativement au plan fixe de la manière suivante :

- **Le plan variable**

  Pr 0,1 de gagner 10 000 (pas de bonus lorsque les ventes ne dépassent pas le demi-million).

  Pr 0,7 de gagner 30 000 (fixe + bonus 20 000 si ventes $>$ 0,5 million et $<$ 1 million).

  Pr 0,2 de gagner 40 000 (si ventes $>$ 1 million).

- **Le plan fixe**

  Gain de 29 000 dans 100 % des cas.

  Espérance (fixe) = 29 000.

  Espérance (variable) = $0{,}1 \times 10\ 000 + 0{,}7 \times 30\ 000 + 0{,}2 \times 40\ 000 = 30\ 000$.

Calcul de l'utilité des deux formules :

U (fixe) = $29\ 000^{1/2} = 170{,}29$.

U (variable) = $0{,}1\ (10\ 000)^{1/2} + 0{,}7\ (30\ 000)^{1/2} + (40\ 000)^{1/2} = 171{,}2$.

Son utilité est supérieure dans le cas du plan variable.

Exercice 5

– Qu'entend Serge Tchuruk par l'expression « entreprise sans usine » ?

Par l'expression « entreprise sans usine », le PDG d'Alcatel ne veut bien sûr pas dire que, dans son activité (téléphone mobile), il n'y aura plus besoin d'usines. Il veut, en revanche, marquer les évolutions du périmètre économique de son entreprise. Pour lui, en effet, il n'est plus utile qu'Alcatel gère lui-même les étapes de production. Il annonce donc une phase d'externalisation pour cette fonction, c'est-à-dire un recours aux modes de coordination marchands.

– Quelles sont les questions clefs que Serge Tchuruk doit se poser pour évaluer s'il doit ou non externaliser une activité ? Présentez de manière articulée les différentes questions et justifiez-les.

Avant d'opérer une opération d'externalisation, il est important de pouvoir répondre à un certain nombre de questions afin d'évaluer s'il y a bien un bénéfice économique.

À titre indicatif, il serait utile de poser les questions suivantes :

En ce qui concerne les bénéfices attendus de l'externalisation, quels sont-ils ?

- une baisse des coûts ?
- une amélioration de la qualité ?
- une plus grande diversité des produits ou services ?

– Si vous aboutissez à une réponse positive sur l'un ou plusieurs de ces points, voyez ce qu'il en est en termes de risques possibles suite à une externalisation.

L'externalisation risque-t-elle de rendre l'entreprise dépendante vis-à-vis de ses fournisseurs parce que :

- il serait trop difficile de changer de partenaires ?
- il n'y a pas d'autres alternatives crédibles ?

L'entreprise conserve-t-elle en interne des moyens suffisants :

- pour définir un cahier des charges suffisamment précis pour limiter les risques de conflits ou de malentendus avec le partenaire ?
- pour évaluer la qualité des prestations externalisées ?
- pour anticiper et intégrer les changements technologiques ?

– Si vous étiez consultant(e) auprès de Serge Tchuruk, est-ce que vous lui recommanderiez de poursuivre son projet ? Justifiez votre position.

Si votre analyse bénéfices / risques vous paraît raisonnablement pencher en faveur de l'externalisation, n'hésitez pas ; l'externalisation ne sera pas synonyme de pertes de compétences mais votre alliée pour concentrer les efforts d'Alcatel sur ses domaines d'excellence.

Exercice 6

– *Pour pouvoir évaluer l'efficacité d'un tel dispositif mis en place par l'ANPE*, il faut identifier quels sont les objectifs poursuivis puis voir si les mesures mises en œuvre permettent de remplir ces objectifs.

Dans le cas présent, l'objectif final est de contribuer à la réduction du nombre de demandeurs d'emplois, soit, en l'occurrence, une hausse des rencontres (réussies) entre les offres d'emplois et les demandes.

Afin d'augmenter ces rencontres, il faut que l'effort des intermédiaires (le personnel de l'ANPE) lui-même soit augmenté. Dans cette perspective, ceux-ci doivent en retour être récompensés, ce qui est fait par un système de primes. L'introduction d'une partie variable dans la rémunération de l'encadrement répond à cette logique. Il s'agit d'un incitant à l'effort et à la réussite.

Il est intéressant de noter que la mise en place de ce système de primes se traduit par une augmentation des salaires. Comme indiqué au chapitre 5, on augmente ainsi à la fois le revenu de l'agent et le profit du principal.

– *Dans l'évaluation de la performance des employés, il faut souvent utiliser des méthodes multicritères pour essayer d'avoir une image le moins biaisée possible de la réalité. Mais l'outil de mesure est-il neutre par rapport au comportement des agents évalués ?*

Dans une activité d'intermédiation comme celle de l'ANPE, l'évaluation de la performance du travail des agents peut se révéler particulièrement délicate : d'une part, se limiter à des objectifs purement quantitatifs sur les résultats pourrait avoir des effets contre-productifs dans la mesure où, quels que soient les efforts et la bonne volonté des personnes, il reste un important facteur aléatoire quant au résultat de leur travail. D'autre part, se focaliser sur un nombre extrêmement limité de ratios pourrait orienter le travail des agents vers les seules tâches évaluées et récompensées.

C'est pour ces raisons qu'il est nécessaire de recourir à des méthodes multicritères qui prennent en compte la diversité du travail et qui tendent à récompenser non seulement les résultats mais également l'effort. En ce sens, l'exercice de définition des critères est un travail délicat : dans la mesure où les agents seront récompensés sur leurs capacités à les remplir, ils vont concentrer leur action dans cette direction. L'outil de mesure ne se contente pas d'évaluer ; il oriente également. Il doit donc prendre en compte non seulement l'action individuelle des agents, mais également les possibles conséquences collectives. Par exemple, choisir la « diminution du nombre de jeunes demandeurs d'emploi » comme critère peut générer des effets négatifs si l'on n'y prend pas garde, comme de concentrer les emplois vers les plus jeunes au détriment des autres tranches d'âge et avec un solde nul (« effet de substitution »).

Exercice 7

1. Les marchés sont des mécanismes de coordination particulièrement utiles mais qui possèdent leurs limites.

Les marchés sont des mécanismes de coordination peu coûteux...

Le système de marché permet à de très nombreux agents économiques de se coordonner, c'est-à-dire de prendre des décisions les uns envers les autres, à un coût économique relativement faible. Selon le principe de la loi de l'offre et de la demande, les agents peuvent agir selon les indications que leur fournissent les prix.

Les prix, comme signaux, permettent à des milliers, voire des millions d'individus, de communiquer de manière décentralisée. Par ailleurs, ces prix indiquent les décisions à prendre par les agents, à commencer par les décisions de production. Par ailleurs, ils peuvent prendre ces décisions sans avoir à en discuter avec les autres parties prenantes.

En proportion de l'importance des décisions, le système de marché est donc peu coûteux en termes informationnels. C'est essentiellement pour cette raison qu'il s'est développé au cours des dernières décennies, notamment en montrant sa supériorité vis-à-vis du modèle de l'économie planifiée.

Il faut noter toutefois qu'un système de marché ne veut pas dire un système sans règles. Pour fonctionner, il doit pouvoir s'inscrire dans un système institutionnel qui lui permet de fonctionner : définition d'un régime de droits de propriété, mise en place d'une capacité à faire respecter les règles édictées (« enforcement »). Or, même s'il est difficile à évaluer, un tel système institutionnel représente un coût économique certain dans une économie.

... mais qui possèdent des limites

Même si le mécanisme de marché est à de nombreux égards « merveilleux », il n'en connaît pas moins certaines limites. On peut ici les traduire de deux façons :

- d'une part, l'existence de coûts de transaction, de différentes natures et d'ampleur variable ;
- d'autre part, dans certains cas, plus radicalement encore, l'impossibilité même pour les agents économiques de réaliser l'échange (*« market for lemons »*).

2. Les organisations représentent une forme tout aussi légitime de coordination.

Les organisations doivent être vues comme un mode de coordination alternatif...

Dans un certain nombre de cas, il peut être plus efficient de recourir à d'autres modes de coordination que le marché pour réaliser une transaction économique. De ce point de vue, l'organisation est un mécanisme de coordination alternatif qui, sur des mécanismes totalement différents, répond à la même finalité.

De fait, une organisation peut se caractériser selon le principe suivant :

- une centralisation des décisions par une ligne hiérarchique ;
- une substitution de la négociation par l'autorité ;

– une interdépendance des agents ;
– une mise en place d'un système de profits joints ;
– une structure bureaucratique qui encadre le processus décisionnel.

... qui permet de pallier ces carences du marché

Ce mode de coordination est particulièrement adapté pour permettre la réalisation de transactions :

– qui impliquent des investissements spécifiques ;
– qui sont de nature complexe ou qui se déroulent dans des environnements incertains ;
– qui posent des problèmes de mesure importants quant à la productivité des employés.

Là également il importe de souligner que la coordination par l'organisation n'est pas non plus sans coûts. Ceux-ci doivent aussi être évalués et au total le mécanisme de coordination préférable résultera de cette évaluation des coûts, toutes choses égales par ailleurs.

Bibliographie

AKERLOF G. (1970), « The Market for "Lemons" : Quality Uncertainty and the Market Mechanism », *The Quarterly Journal of Economics*, 84(3), p. 488-500.

ALBERT M. (1991), *Capitalisme contre capitalisme*, Le Seuil.

ALCHIAN A. et DEMSETZ H. (1972), « Production, Information Costs, and Economic Organization », *American Economic Review*, American Economic Association, vol. 62(5), p. 777-795.

AMABLE B. (2005), *Les Cinq Capitalismes – Diversité des systèmes économiques et sociaux dans la mondialisation*, Le Seuil.

AMABLE B., BARRÉ R. et BOYER R. (1997), *Les Systèmes d'innovation à l'ère de la globalisation*, Paris, Economica.

ANDERSON E. (1985), « The Salesperson as Outside Agent or Employee : A Transaction Cost Analysis », *Marketing Science*, 4(3), p. 234-254.

ANDERSON E. et GATIGNON H. (2004), « Firms and the Creation of New Markets », in Menard C. et Shirley M., éds, *Handbook for New Institutional Economics*, Norwell MA, Kluwer Academic Publishers.

AOKI M. (1984a), *The Co-operative Game Theory of the Firm*, New York, Oxford University Press.

AOKI M. (1984b), *The Economic Analysis of the Japanese Firm*, North-Holland.

AOKI M. (1986), « Horizontal *vs.* Vertical Information Structure of the firm », *American Economic Review*, 76(5), p. 971-983.

AOKI M. (1988), *Information, Incentives and Bargaining in the Japanese Economy*, Cambridge University Press.

AOKI M. (1990), « Toward an Economic Model of the Japanese Firm », *Journal of Economic Literature*, 28(1), p. 1-27.

ARROW K. (1974), *The Limits of Organization*, New York, Norton.

BARZEL Y. (1997), *Economic Analysis of Property Rights*, Cambridge University Press, 2e édition.

BECKER G. (1993), *Human Capital : A Theoretical and Empirical Analysis, with Special Reference to Education*, The University of Chicago Press, 3e édition.

BOARINI R., JOHANSSON Å et D'ERCOLE M. (2006), *Alternative Measures of Well-Being*, Economics Department Working Paper 476, OECD.

BOUGA-OLGA O. (2003), *L'Économie de l'entreprise*, Points Seuil.

BOYER R. (2004), *Une théorie du capitalisme est-elle possible ?*, Odile Jacob.

BROUSSEAU E. et QUÉLIN B. (1996), « Asset Specificity and Organizational Arrangements : the Case of the New Telecommunications Services Market », *Industrial and Corporate Change*, 5, p. 1205-1230.

BROUSSEAU E. et CŒURDEROY R. (2005), « Combining Institutional and Contractual Mechanisms to Control Transactional Hazards Related to Transfers of Technology : An Empirical Analysis of Supervision Provisions in Technology Licensing

Agreements », *International Journal of the Economics of Business*, 11(3), novembre, p. 425-446.

CERRADA K., DE RONGÉ Y., DE WOLF M. et GATZ M. (2006), *Comptabilité et analyse des états financiers. Principes et applications*, De Boeck Université.

CHANDLER A. (1977), *The Visible Hand of Managers. The Managerial Revolution in American Business*, Cambridge, Massachusetts.

CHANDLER A. (1988), *La Main visible des managers*, Economica, Paris.

COASE R. (1937), « The Nature of the Firm », *Economica*, 4, p. 386-405.

CŒURDEROY R. et QUÉLIN B. (1997), « L'économie des coûts de transaction : un bilan des études empiriques sur l'intégration verticale », *Revue d'économie politique*, 107, p. 145-181.

COHEN E. (1992), *Le Colbertisme high-tech : économie du grand projet Télécom*, Paris, Hachette Pluriel.

CORIAT B. et WEINSTEIN O. (1995), *Les Nouvelles Théories de l'entreprise*. Le Livre de Poche.

CURIEN N. et MUET P.-A. (2004), *La Société de l'information*, Rapport au CAE, La Documentation française.

CYERT R.M. et MARCH J.G. (1963), *Contributions to a Behavioral Theory of the Firm*, Prentice-Hall.

DOSI G. (1982), « Technological Paradigms and Technological Trajectories : A Suggested Interpretation », *Research Policy*, 11, p. 147-162.

DOUMA S. et SCHREUDER H. (2002), *Economic Approaches to Organizations*, 3e édition.

DUNNING J.H. (1993), *Multinational Enterprises and the Global Economy*, Addison Wesley Publishing Co., Wokimgham.

ERNST & YOUNG (2005), *Baromètre Outsourcing*, Rapport.

FAMA E. et JENSEN M. (1983), « Separation of Ownership and Control », *Journal of Law and Economics*, 26, p. 301-325.

FURUBOTN E. et RICHTER R. (2000), *Institutions and Economic Theory*, Michigan Press.

GABRIÉ H. et JACQUIER J.-L. (1994), *La Théorie moderne de l'entreprise*, Economica.

GHOSHAL S. et MORAN P. (1995), « Bad for Practice : A Critique of the Transaction Cost Theory », *Academy of Management Review*, 21, p. 13-47.

GIBBONS R. (2000), *Why Organizations Are Such a Mess (and What an Economist Might do About It)*, Mimeo, MIT.

GLAESER R., LAPORTA R., LOPES-DE-SILANES F. et SHLEIFER A. (2004), « Do Institutions Cause Growth ? », *Journal of Economic Growth*, 9(3), p. 271-303.

GRILO I et IRIGOYEN J.-M. (2006), « Entrepreneurship in the EU : To Wish and not to Be », *Small Business Economics*, 26, p. 305-318.

HALL P. et GINGERICH D. (2004), *Varieties of Capitalism and Institutional Complementarities in the Macro-Economy*, Discussion Paper of the Max-Planck Institute for the Study of Societies.

HALL P. et SOSKICE D., éd. (2001), *Varieties of Capitalism : The Institutional Foundations of Comparative Advantage*, New York, Oxford University Press.

HENDRIKSE G. (2003), *Economics and Management of Organizations*, McGraw Hill.

HOBBES T., *Léviathan*, Folio Essais, (2000).

HOLMSTROM B. et MILGROM P. (1991), « Multitask Principal-Agent Analyses : Incentive Contracts, Asset Ownership, and Job Design », *Journal of Law, Economics and Organization*, 7, p. 24-52.

JENSEN M. et MECKLING W. (1976), « Theory of the Firm : Managerial Behavior, Agency Costs and Ownership Structure », *Journal of Financial Economics*, 3, p. 305-360.

JOSKOW P. (1985), « Contract Duration and Relationship-Specific Investments : Empirical Evidence from Coal Markets », *American Economic Review*, vol. 77, nº 1, p. 168-185.

KARASEK R.A. et THEORELL T. (1990), *Healthy Work*, New York, Basic Books.

KLEIN B., CRAWFORD R., ALCHIAN A. (1978), « Vertical Integration, Appropriable Rents and the Competitive Contracting Process », *The Journal of Law and Economics*, nº 21, p. 297-326.

KUHN T. (1962), *The Structure of Scientific Revolutions*, University of Chicago Press.
LA PORTA R., LOPEZ-DE-SILANES F., SCHLEIFER A., VISHNY R. (1997), « Legal Determinants of External Finance », *Journal of Finance*, 52, p. 1131-1150.
LA PORTA R., LOPEZ-DE-SILANES F., SCHLEIFER A., VISHNY R. (1998), « Law and Finance », *Journal of Political Economy*, 106, p. 1113-1155.
LA PORTA R., LOPEZ-DE-SILANES F., SCHLEIFER A., VISHNY R. (1999), « The Quality of Government », *Journal of Law, Economics, and Organization*, 15, p. 222-282.
LAWRENCE P. et LORSCH J. (1968), *Organization and Environment*, University of California Press.
LESUEUR J.-Y. (2004), *Microéconomie*, Vuibert, Dynasup Éco, 2e édition.
MARSHALL A. (1920), *Principles of Economics*, MacMillan.
MASTEN S., MEEHAN J. et SNYDER E. (1991), « The Costs of Organization », *Journal of Law, Economics and Organization*, 7, p. 1-25.
MAZEROLLE F. (2006), *Les Firmes multinationales*, Vuibert, Dynasup Éco.
MÉNARD C. (2004), *L'Économie des organisations*, La Découverte, 2e édition.
MILGROM P. et ROBERTS J. (1992), « Organizational Prospects, Influence Costs, and Ownership Changes », *Journal of Economics & Management Strategy*, 1(1), p. 9-35.
MILGROM P. et ROBERTS J. (1997), *Économie, organisation et management*, Paris-Bruxelles, DeBoeck Université.
NORTH D. (1990), *Institutions, Institutional Change and Economic Performance*, Cambridge University Press.
NORTH D. (2005), *Le Processus du développement économique*, Éditions d'Organisation.
PELISSIER J., SUPIOT A. et JEAMMAUD A. (2004), *Droit du travail*, Dalloz, 22e édition.
PHAN D., SOMMER T. (2000), « Governance and Technological Change : Transaction Costs in Telco-Equipment Supplier Networks », in *Convergence in Communications and Beyond*, by E. Bohlin, K. Brodin, A. Lundgren et B. Thorngren, Elsevier Science, Amsterdam, 2000, p. 141-172.
QUÉLIN B. (2002), *Les Frontières de la firme*, Economica.
RAYNAUD E. et VALCESCHINI E. (2005), « Collectif ou collusif ? À propos de l'application du droit des ententes aux certifications officielles de qualité », *Revue internationale de droit économique*, 2, p. 165-195.
RUMELT R. (1986), *Strategy, Structure, and Economic Performance*. Boston, MA, Harvard Business School Press.
SCOTT W. (1995), *Institutions and Organizations*, Thousand Oaks, Sage.
SIMON H. (1991), « Organizations and Markets », *Journal of Economic Perspectives*, 5, p. 25-44.
SIMON H. (1983), *Administration et processus de décision*, Economica.
SIMON H. (1955), « A Behavioral Model of Rational Choice », *The Quarterly Journal of Economics*, 69(1), p. 99-118.
TEECE D. (1986), « Transaction Cost Economics and the Multinational Enterprise : An Assessment », *Journal of Economic Behavior and Organization*, 7, p. 21-45.
WALLIS J. et NORTH D. (1986), « Measuring the Transaction Sector in the American Economy », in Engerman S. and Gallman R., éd., *Long Term Factors in American Economic Growth*, University of Chicago Press.
WILLIAMSON O. (1981), « The Modern Corporation : Origins, Evolution, Attributes », *Journal of Economic Literature*, 19, p. 1537-1568.
WILLIAMSON O.E. (1994), *Les Institutions de l'économie*. InterÉditions.
WILLIAMSON O. (1996), *The Mechanisms of Governance*, The Free Press.
WILLIAMSON O. (2000), « The New Institutional Economics : Taking Stock, Looking Ahead », *Journal of Economic Literature*, vol. 38, no 3, p. 595-613.
WORLD BANK (2005), *World Development Report 2005 : A Better Investment Climate for Everyone*, World Bank and Oxford University Press.
YILMAZ E. (2006), *Pénibilité du travail. Évaluation statistique*, Cahier de travail no 55, CEE.

Index

Table des matières

Imprimé en France par EMD S.A.S. - Dépôt légal : octobre 200. - N° d'imprimeur : 18294